# 安岡正篤の風韻

喜神を含む生き方

神渡良平［著］

同文舘出版 発売 ／ 同信社 発行

# はじめに

今回、『安岡正篤《まさひろ》の風韻《ふういん》――喜神《きしん》を含む生き方』と題して一冊の書物を世に送ることになった。安岡先生がお亡くなりになったのは昭和五十八（一九八三）年だから、もう二十七年の歳月が経ったことになる。にもかかわらず、まだ本になっていない講演テープが発見されると、起こされて本になったり、とうの昔に絶版になっている戦前の本が復刻されたりしている。アメリカでも戦前の本である『日本精神の研究』（致知《ちち》出版社）が今年（二〇一〇年）十一月に翻訳出版されようとしている。こんな現象は日本の出版界では珍しいことである。

大文豪でもなく国民的大作家でもない安岡先生の本が、なぜこんなに読まれるのだろうか。

それは長年安岡先生の研究者としてこれまで六冊の本を刊行した者として、興味深いテーマである。思索を続けるうちに、思い当たることがあった。

道元が書いた最高の書物『正法眼蔵《しょうぼうげんぞう》』（道元著、水野弥穂子監、春秋社）に「愛語、回天の力あり」という一節がある。現代語訳の大意はこうだ。

「人は面と向って褒《ほ》められると、表情一面に喜びがあふれ、心が楽しくなる。ところが面と向ってではなく、自分がいないところで褒められると、それ以上に嬉しく、肝《きも》や魂に銘じるほどの喜びとなる。愛《いっく》しむ言葉は相手を愛する心から生まれる。愛する心は相手を慈《いっく》しむ心を種としている。愛の言葉は衰えた勢いを再び盛んにし、天下の形勢をひっくり返すほどの力があることを知るべきである」

人づてに、あの人が君のことをこんなふうに高く評価されていたよと聞くと、人の心は踊る。見守られているという感じほど、人を励ますものはない。そうした言葉は作為的には発することはできない。日頃からその人に好印象を抱いていなければ発することはできない。育む者としての心情があってこそできることである。

ひょっとすると、安岡正篤という人はどんな人に対しても育む者という姿勢を持っておられたのではなかろうか。

愛語という言葉に寄り添うように、薫習《くんじゅう》という言葉がある。お香を焚《た》くとその香りがいつの間にか衣服にしみつくように、優れた人の側にいると、知らず知らずのうちに立ち居振る舞いが謙虚になり、人物ができてくることをいう。

そのことを道元は霧という比喩《ひゆ》を用いて説明している。

「霧の中を行けば、覚えざるに衣湿《ころもしめ》る。よき人に近づけば、よき人になるなり」

人への感化とはそういうものであろう。教えようとして教えられるものではなく、自分自身が精進する以外にない。そして精進し、練り上がった人柄が、場合によっては人に影響を与えるかもしれない。しかしそれは期待することではなく、ただ淡々としている。

安岡先生とはこういう人だったのではなかろうか。

副題を「喜神《きしん》を含む生き方」としたのは、安岡先生の人生訓に基づいている。先生は好きな煙草をくゆらせながら、鷹揚《おうよう》な態度でこう解説されていた。

「喜神の神《しん》は精神という使い方があるように、心の一番奥深いところという意味がある。心の中にいつも喜びの気持ちを抱いて事に臨んでいる人は、たとえどういうことがあったとしても、運勢は必ず上昇気流に乗っていく。これこそ人生を渡る秘訣だね」

まさに東洋哲学のエッセンスと思われる人生訓だ。

今回はお孫さんの安岡定子さん以外は、安岡先生に直接会ったことのない人々である。にも関わらずこれほどの影響を受けておられる。この方々の話を聞きながら、私は安岡先生の馥郁《ふくいく》たる香を嗅《か》いでいるような気がしてならなかった。

ここで採り上げた人々は安岡正篤先生を師として、宇宙の仕組みをつかみ取り、自分の人生の主人公となった人々である。一人の人の人生行路ほど、私たちの励ましとなるものはない。これらが読者の方々の励ましになるとしたら、こんなに嬉しいことはなく、作家冥利に尽きることである。

著者識

# 目　次

# 第一章　宇宙の叡智を代弁した安岡正篤先生

## 人間は天の入れ物である

人間はその時々を生き延びることに執心しがちなので、ややもすると刹那《せつな》的に流れやすい。しかし、悠久なる星空を仰ぎ見、大宇宙に思いを馳《は》せると、いつしかせせこましい考え方が払拭され、背筋がピンと伸びる。人生観の確立にはこの宇宙意識は欠かせない。

その宇宙意識に私たちを誘ってくれるのが、東洋思想家安岡正篤先生である。

安岡先生の人生観には、生きるために汲々《きゅうきゅう》とし、世俗に埋没して自己を見失ってしまいがちな現実を脱却して、天地の法《のり》に即して生きようとする凜《りん》としたものがある。

青年のころの安岡先生が人生観を確立するのを励ましてくれたのが、孔子の孫に当る子《し》思《し》の言葉を集めたと言われている『中庸《ちゅうよう》』の一節、

「誠は天の道なり。これを誠にするは人の道なり」

である。これを解釈すればこうだ。

大自然や宇宙の本質は誠である。しかしながら、宇宙の本質が描いている理想はまだ具体化してはいない。これを目でも見ることができ、手で触ってみることができる具体的なものに作りかえるのは、地上に送られている人間に課せられた使命である。人間はそのた

めに、四十年、五十年という時間を与えられているのだ――。

三十代後半、病に倒れ、社会的人生を失いかけていた私は、安岡先生が説かれる『中庸』の解説にどれほど助けられたかわからない。

「私にはまだ果たすべき使命がある。天はそれを成就するだけの能力を私にも与えてくださっているのだ」

と思えたとき、奮い立たされた。当時、私はまったく無名の存在でしかなかった。でもそんなことには全然頓着しない気持ちになることができ、私の目から鱗《うろこ》を落とすことになった安岡先生の評伝を書くことに没頭した。

安岡先生の風貌を写真で見ると、この世の毀誉褒貶《きよほうへん》にはまったく関心はないらしく、それを断ち切るかのように、頭を坊主頭にまるめ、求道者然としておられる。

そんな安岡先生がこう説いておられた。

「我われの精神は宇宙の一部分であり、宇宙は大きな韻律《いんりつ》だ。随《したが》って我われの精神もやはり撥剌《はつらつ》として躍動して居《お》らなければならない」

安岡先生の視線は宇宙に向っていた。

私は宇宙のリズムに合わせ、浩然《こうぜん》の気を養って、処女作『安岡正篤の世界』（同文舘出版）

を書き上げた。副題は「先賢の風を慕う」とした。安岡先生が先賢に対して取っておられた姿勢がまさしくそうだったからだ。

## 宇宙意識が人間を高める

人間が自分のバックボーンとなるものを育てる上で、宇宙のリズムに同調するという大きな視野を持つことは欠かせない。安岡先生はそれについてこう述べておられる。

「このごろのように世を挙げて徒《いたずら》に忙しく、風俗の甚《はなは》だ荒《すさ》んでいる時ほど、われわれは出来るだけ雑事を避け、独りになって静坐し、読書し、天の光を受け、彼岸《ひがん》の声を聴く心掛けが大切である。心に永遠の浸潤《しんじゅん》を受けて、現実の汚染を薄めることが大切である」(『憂遊志《ゆうらくし》』明徳出版社)

この宇宙意識に立つとき、自分という存在は決して私的な存在ではなく、「大いなる存在」に見守られ導かれている公的存在であるという自覚が強くなる。世に知られているかどうかはまったく関係なく、この自覚が人間に悠揚《ゆうよう》迫らない風格を与える。

安岡先生は好んで「風韻《ふういん》」という言葉を使っておられた。風韻という言葉は今日では死語になった感があるが、元来は「風の音」という意味で、それから転じて「気高い人柄」、あるいは「雅《みやび》やかな趣《おもむ》き」という意味を持つようになった。

風韻について、『朝の論語』（明徳出版社）にこういう文章がみえる。

「人間の諸内容、もろもろの徳が和合してまいりますと、宇宙も生命人格も一つのリズム、風韻をなしてきます。人間そのもの、人格自体がどこか音楽的なものになってきます。これを風格、風韻、韻致《いんち》などと称します。人格ができてきますと、どこかしっとりと落ち着いて、和《やわ》らかく、なごやかに、声もどことなく含み、潤い、響きがあって、その人全体がリズミカルになるものです」

起きて半畳、寝て一畳のちっぽけな存在の人間だが、修行次第では気高い人柄と雅やかな趣きを備えた人間になれる。だからどういう人間観、人生観を持つかはとても大きい。それによって伸びていく方向が決まるからだ。

## 志賀直哉と武者小路実篤の交わり

ここでもう少し風韻について考えてみよう。

人は友達に自分の懊悩《おうのう》をわかってもらったとき、どれほど安堵《あんど》するかわからない。隣に座ってもらい、ただ黙って話を聞き、うなずいてもらっただけで、とても気持ちが落ち着くものだ。そこに友達を持つことの効用がある。友達は心を慰めてくれる。

作家の志賀直哉《なおや》が友人の武者小路実篤《むしゃのこうじさねあつ》について書いている文章は、そのことを彷彿《ほうふつ》とさせてくれる。

「私は心衰え、生活に空虚を感じるようなとき、よく武者小路の詩や文章を読んで慰められ、勇気づけられた。もちろんそれは書かれた内容からも来るが、何かそれ以上に、武者小路にはそういう不思議な能力があって、それから来るように感じられることがよくあった。

それは武者小路が持って生まれた向日性《こうじつせい》というようなものが左右するのではないかと思ったことがある。これは武者小路独特のもので、思想とか芸術とかいうものを超えた何かのような気がする。

私は短篇集に『夜の光』という題をつけたり、『暗夜行路』などというものがあって、向日性に乏しいせいもあるが、時々やりきれない気持ちのときに、武者小路が書いたものを読んで助かったことがたびたびある」

心からわかってくれる友達は私たちの人生に彩《いろど》りを添えてくれる。しかし、身近にそういう友を持ち得なかった場合、時を超え海を越えて、書物の中に共感し合う師や友を持つと、人生はいっそう潤沢《じゅんたく》になっていく。羽振りのいい者にいたずらにおもねることをしない凛《りん》とした気概はそんなところから育っていく。

そのことを安岡先生は「読書尚友《しょうゆう》」と題して、次のように書いておられる。

「独りの生活を深く抱くようになって、いまさらのごとく尊く美しいものは、古人を友とし、その深厚な思索体験を記せる書を心読すること、すなわち読書尚友である。

早年の倫理に肝腎な師友に対する敬慕、英雄哲人に対する私淑《ししゅく》を春の花とすれば、中年における読書尚友はまさしく秋の果実である。

もはや華やかな、明るい、しかしどこかふわふわした、いらだたしい気分、空《あだ》なところは無くなって、そこには深い寂《さ》びが支配し、道の滋味に富んでいる。自然との深契《しんけい》も実は読書尚友を離れることはできない」（『いかに生くべきか　東洋倫理概論』致知出版社）

尚とは高い、あるいは尊ぶという意味で、尚友とは「友を尊ぶ」。そこから転じて、「古人を友とする」とか「昔の聖賢を友にする」という意味になる。

共感し合う友を持つとき、人には余裕が生まれ、それがその人の風韻を作っていく。

読書尚友を心がけるとき、武者小路実篤が人生訓としていた「和して同ぜず」、つまり親しいけれども従属する関係ではなく、お互いが自由で独立している関係ができていく。

私たちも志賀直哉における武者小路実篤のような友人でありたいものである。

## いざ立て！　猶興の士

安岡先生は私たちには遠い存在だった東洋の古典を白日の下に引っ張りだし、現代的解釈を加えて、非常に身近なものとされた。例えば『孟子』（MOKU出版）で、「猶興《ゆうこう》の士」の一文をこう紹介されている。

『孟子《もうし》曰《いわ》く、文王《ぶんのう》を待ちて而《しか》る後に興《おこ》る者は凡民《ぼんみん》なり。夫《か》の豪傑の士の若《ごと》きは、文王なしと雖《いえど》も猶興《なおおこ》る』

この章句は『孟子』の中でも最も名高い言葉の一つで、『猶興の士』として知られております。孟子は言う、『周の文王のような聖王の指導を待って、初めて感奮興起《かんぷんこうき》するのは、凡庸《ぼんよう》な人民である。かの人並みはずれた豪傑の士などは、文王の指導と教化がなくても、自ら独力で興起するものである』

多くの政治家や財界人から「人生の師表」として仰がれていた安岡先生は、

「文王、すなわち優れた指導者に鼓舞されて立ち上がるのはまだまだ普通の人です。本当に優れた人物というのは、率いてくれる立派な指導者がいなくてもなお立ち上がるものです」

と言い、聴く者たちを鼓舞された。

「猶興の士」という言葉は昔から多くの人を感奮興起させており、会の名前にその言葉を冠して、「猶興会」とか「猶興社」という集まりが数多く存在した。いささか国士的響きを持つ言葉だが、この言葉をそのニュアンスから解放して、主体性を持つ人間のあり方として説かれたのだ。

## 『孟子』が培う人間の気概

ところで、安岡先生が好んで引用された『孟子』には含蓄のある言葉が多い。例えば、

「鶏頭《けいとう》となるも、牛後となるなかれ」

(小さくても鶏《にわとり》の頭であるべきで、牛の後について行くような者にはなるべきではない)

という言葉も『孟子』に出てくる言葉だ。この言葉に共感する人は多いように、人間には誰でも独立不羈《ふき》の精神が脈打っている。

七篇から成る『孟子』には奮起をうながす章句が多く、中国、韓国、日本、台湾など東

アジアの国々の精神文化の一翼を形成してきたといえる。

孟子は紀元前三百七十二年（異説あり）、戦国時代の中期に、鄒《すう》の国（現・山東省鄒県）の士階級の家に生まれた。孔子の孫の子思《しし》の門人について学業を修め、孔子の思想の重要な後継者となった。

孟子は四十二、三歳ごろから宋、梁《りょう》（魏《ぎ》）、斉《せい》、魯《ろ》などの諸国を遊説し、諸侯に対して仁義に基づく王道清治を説いた。覇道《はどう》を否定し、王道を説く孟子の人間観には、人間への深い信頼があった。約二十年に及ぶ遊説を終えて故郷に帰ったのは六十二歳ごろで、それからも弟子たちに講釈を続けた。現在私たちが目にする『孟子』はこのころに書き著わされたものだといわれている。

しかしこれにも異説があり、孟子の没後、弟子の万章《まんしょう》や公孫丑《こうそんちゅう》が孟子の言葉を記したものだという説もある。いずれにしても問答体の鮮やかな文章は、孟子の闊達《かったつ》な人柄を感じさせて余りある。

吉田松陰や西郷隆盛が獄中で裂帛《れっぱく》の気魄《きはく》をもって『孟子』を講義したのも、『孟子』にはそういう気魄に呼応するものがあるからだ。

「自ら反《かえり》みて縮《なお》くんば、千万人と雖も吾れ往《ゆ》かん」

（反省してみて、自分の動機は絶対に間違っていないと思ったら、たとえ相手が千万人であろうとも、敢然《かんぜん》と突き進むばかりだ）

も『孟子』の一節であり、

「浩然《こうぜん》の気を養う」

（俯仰《ふぎょう》天地に愧《は》じない広々とした豊かな気を養う）

もそうだ。戦前、安岡先生が主宰されていた金雞《きんけい》学院の講堂の襖《ふすま》には、この「浩然」が墨痕《ぼっこん》鮮やかに大書されていた。

## 真理はあなたの内側に存在する

安岡先生が衝撃的デビューを果たされた『王陽明研究』（明徳出版社）に、こういう下りがある。王陽明の核心についてのすぐれた活写である。

「陽明は石槨《せっかく》を為《つく》り、自ら誓って曰《いわ》く、吾《われ》今惟《た》だ命《めい》（死）を俟《ま》つのみと。一夜霊感あり、夢《む》幻《げん》の間に人あって語る如《ごと》く、多年の疑問氷解し、大声を発し、躍《おど》り上って狂人の如くであった。彼は初めて、真理は我が外に在るものではなく、内在するもの（良知《りょうち》）であり、我を含《お》いていたずらに理を事物に求むることの誤りを悟ったのである。根本義に於《お》いて彼は初めて人間の生に徹したのである」

人間は真理が外在するのではなく、内在することに目覚めたとき、体を突き抜ける興奮に、洋の東西を問わず同じように反応する。かのアルキメデスは、浮力の原理に気づいたとき、興奮して思わず風呂から飛び出し、服も着ないで町を裸のまま走って帰ったという。王陽明は貴州《きしゅう》の竜場《りゅうじょう》に左遷《させん》されているとき良知に目覚め、この歓喜を経験している。このとき王陽明はこの世的な目から見たら失意のどん底にあり、

「石槨を為り、自ら誓って曰く、吾今惟だ命（死）を俟つのみ」

と意気消沈していたが、ある日突然、「真理は外在するのではなく、内在する」ことに気づき、それが知良知《ちりょうち》という思想を中核とする陽明学に発展していった。

安岡先生はそのことをさらに敷衍《ふえん》して述べる。

「そしてこれはひとり東洋学道だけのものではない。今世紀の偉人シュバイツァーの生の大悟《たいご》にこれをみる。仏領アフリカのランバレネの上流イジェンジャ村で豁然《かつぜん》として、『生を貴ぶことが善の根本たる』悟りを得たという」（前掲書）

偉大なる覚醒はことごとくそうだ。天啓《インスピレーション》を受け、魂の目覚めがやってきたのだ。

人間はあくまでも受信機であり、ソース（発信源）は天にある。だから古来より、坐禅

や瞑想の重要さが説かれ、深く沈潜するよう薦《すす》められてきた。

いや、事は思想哲学だけではない。絵画や作曲や文芸においても、深く沈潜し、彼我が溶けて一つになったとき、新たな表現芸術が生まれる。

私は六十歳を過ぎてようやく、

「真理は外在するのではなく、内在する」

ことに目覚めた。それまではいたずらに知識を外に求め、書物を読み耽《ふけ》ってきたが、それよりも自分のアンテナを研ぎ澄まし、受信機をシャープにすることを心がけるようになった。自分の内に沈潜し、内省し、心の内側からの声（インナーボイス）に耳を傾ける。ときには何もせず二時間も三時間も座って瞑想している。

若いころだったらすぐ外に目が向き、何かしていなかったら時間を浪費したように感じていたものだが、今は違う。

自分が主体者であることに目覚めつつあり、嬉しい充実感があるのだ。

## 自己疎外を超えて、自らを靖んじ、自らを献ず

そしてこの点でも安岡先生は『青年の大成』（致知出版社）の中で、極めて啓発的なこと

を書いておられる。

「およそ現代は、諸君もときどき新聞や雑誌を見ても気づかれることと思いますが、いわゆる人間疎外《そがい》・自己疎外の時代です」

この人間疎外・自己疎外という言葉は、alianate あるいは estrange という単語の訳から来ているが、要するに自分自身を留守にすることを指している。安岡先生の指摘は鋭い。

「とかく外へばかり心を馳《は》せて、内を忘れてしまう。外物ばかりをとり上げて、自分というものを省みない。人間をお留守にして、欲望の対象ばかりをとり上げる。その結果、わけのわからぬことになってしまって、始末がつかぬ。こういう時、ひとたび失われた自己、人間そのものに立ち返れば、はっきりすることが多い」

外の刺激に振り回されていると、欲望の対象ばかりを追いかけてしまい、「戦いすんで日が暮れて」、茫然自失してしまいかねないという。

外物に振り回され、自己を失わないためには、独り自問自答する時間を持つことだ。あっというまに過ぎてしまう人生を実りあるものにするためにも、私は何に集中すべきかを問わなければいけない。

古代中国の賢人は、人生の大事を、

「自靖自献《じせいじけん》」（自らを靖《やす》んじ、自らを献《けん》ず）と喝破《かっぱ》した。深く自己に沈潜して宇宙の理法に目覚め、それに則《のっと》った生き方をするようになると、自分の心が靖《やす》らかになっていくという。そして自らの命を懸けて取り組む対象を見い出し、それに身を献げるようになり、時間が経つのも忘れてしまうという。人生が充実するというのはそういうことだ。

## 自分を忙殺するなかれ

安岡先生は同書で、自己疎外の原因の一つである「多忙」に対処する方法を次のように説かれている。

「第一に寸陰《すんいん》を惜しむということです。時間というものは、長い時間を取ろうと思うとなかなか取れるものではない。それこそ仕事がある。多忙である。邪魔が入る。だから閑《ひま》を得たらと思うのは何にもならない。

けれどもどんな忙人にでも、寸陰というものはある。ちょっとした時間というものは必ずある。そのちょっとした時間をつかむのです。これに熟練すれば、案外時間はあるものです。昔から一芸一能に精進した人々はみな経験していることです」

では何がそれほど根を詰めて努力精進せしめたのだろうか。私はこれだけは成就しなければ、死んでも死に切れないという思いが、寸暇を惜しんで努力させていると思う。

自分にそれを成就するだけの力量が与えられているかどうかはわからない。道半ばにして斃《たお》れてしまうかもしれない。それは天のみぞ知ることであって、自分はそれでもかまわない。成就に向けて精魂傾けるばかりだ。それだけの決意で臨めば、必ず成就できるとひたすら取り組む。すると明けない夜はない。

歴史の新時代を切り拓いたのはクリエイティブ・マイノリティ（創造的少数者）である。彼らはまさにそういう情熱で取り組んだのだ。

## 月下に囲炉裏の埋もれ火で酒を飲む

安岡先生は親友だった作家の吉川英治や南画家の新井洞巌《どうがん》と、時々酒を飲まれた。そんなとき安岡先生は部屋の灯りを消し、月や星の明かりを導き入れ、囲炉裏《いろり》の埋もれ火のかすかな明かりだけで飲むことを好まれた。

風を受けて軒下でチリリーンと風鈴が鳴る。ふっと見上げて、

「おお涼しい風が吹いているね」

と愛《め》でる。涼風がそっと頬を撫でていく。虚空には中秋の名月が独り冴えている――。

ただそれだけで心が満たされる。

誰ものを言わない。手酌で酒を飲んでいる。静寂なときが流れる。

無言の味わい。いつしか体が火照り、酔いが回っていく。

吉川英治はそんな酒席が楽しかったのだろう。

昭和十一（一九三六）年、吉川英治が装丁し、新井洞巌の口絵をつけて、安岡先生の豪華な箱入りの『童心残筆《どうしんざんぴつ》』（新英社。現在は島津書房から復刻）が上梓《じょうし》された。安岡先生と吉川英治の淡交が生んだ「言葉の滴《しずく》」である。吉川英治の思い入れの深い装丁で安岡先生の本が出たと聞いて、人々は書店に殺到し、昭和のベストセラーとなった。

人の世の中にはそんな交わりが存在する。安岡先生はそんな淡交の人だった。

そうした逸話が残されているように、安岡先生には「風韻」と呼ばれるにふさわしい風格が備わっていたのだ。

## 宇宙の叡智にのっとった生き方

こうみてくると、安岡先生は聖賢がつかんだ真理を解説しながら、私たちを天に結んでおられるといえる。だから人々は安岡先生の書物に惹かれ、それを契機に東洋の古典が持つ宇宙の叡智に触れたのだ。

「私は何一つ新しいことは述べていない。聖賢たちが述べたことを解釈しているだけです」

と安岡先生は謙遜される。そうかもしれない。でもそうやって私たちがものごとに動ずることのないバックボーンを形成するのを手伝ってくださっているのだ。

私はそれが安岡先生の魅力だと思う。決してでしゃばらない。出番が来る日をじっと待っている。来なければ来ないでいい。引き下がるだけだ。しかしもし出番があれば、自分の経験と覚醒を役立ててもらおうと待っておられる。

喧《かまびす》しい世の中にあって、そこだけ静寂な時間が満ちている。

安岡先生という人はそういう人だった。だから政治家も財界人も、こぞって安岡先生と同席する時間を持とうとしたのだ。

あれこれ教えてほしいことがあったのではない。そうではなく、一緒に静寂な時間を過ごし、ひと息付きたかった。人間学は読む人の人格を練り、風格をつくっていく。安岡先生の門下生たちは聖賢の書物を読みながら自分を練っていった。

人はそれぞれに七十年、八十年の人生が与えられている。そして天はそれぞれに与えられているものが花開いて、意味のある人生を成就できるよう、あらゆる形で応援してくれている。安岡先生は人々が天の応援を最大限に活用し、見事な人生を生きるよう援助する人だったのだ。

## 国破れて山河在り

戦前、日本は軍国主義、国粋主義が国家を席捲《せっけん》し、威丈高《いたけだか》な国に堕《だ》してしまった。だから敗戦という未曾有《みぞう》の経験をした。

後半生を放浪のうちに過ごした盛唐の詩人杜甫《とほ》（七一二～七七〇）は、戦いに破れ荒廃した祖国を嘆いて、こう詠んだ。

国破れて山河在り
城春にして草木深し
時に感じて花にも涙を濺《そそ》ぎ
別れを恨んでは鳥にも心を驚かす

烽火三月に連なり
家書万金に抵《あた》る
白頭掻けば更に短く
渾《す》べて簪《しん》に勝《た》えざらんと欲す

（国の都長安は安禄山《あんろくざん》の反乱軍に陥落し破壊されてしまったが、山河は昔通りに残っている。再び春が巡ってきて城内は草木に被われたが、人影すらなく閑散としている。この傷《いた》ましい時世に、私は花を見ても涙がこぼれてならない。家族と別れ別れになっていることを恨み、心を慰めてくれる鳥に心を驚かせている。

戦火は三か月も続き、愛する家族からの手紙は万金に値する貴重なものとなった。すっかり白髪になってしまった頭を掻くと、心労のため髪が薄くなり、冠を止めるかんざしも差せなくなっていることに気づいた。ああ、祖国は一体どうなっていくのだろう……）

安岡先生にとって、杜甫の嘆きは他人事ではなかった。ＧＨＱ（連合国軍最高司令官総司令部）から大東亜戦争に加担した国家主義者とみなされ、公職追放の憂き目に遭っていた安岡先生自身の嘆きでもあった。

祖国は分裂して千々に乱れ、保守と革新に分れて正面からぶつかり合い、ほとんど国家の態《てい》をなしていない。ああ、われいま何をなすべきか……。

亡国の淵にたたずんで、考えれば考えるほど、帰結するところは同じだった。

迂遠《うえん》なようだけれども、一から始めるしかない。一見回り道のように見えるけれども、人間をつくることからしか始まらない……と思うばかりだ。

## 天地の為に心を立て、去聖の為に絶学を継ぐ

昭和初期、大方の国粋主義者が、

「昭和維新！」

を叫び、軍国主義への道を疾走《しっそう》していたとき、安岡先生は彼らの威丈高な、しかし空虚な主張に危惧の念を抱いて袂《たもと》を分かった。そして、

（迂遠《うえん》なようだけれども、一から始めるしかない。一見回り道のように見えるけれども、人間をつくることからしか、新しい国家は建設できないのだ！）

と、人間学の教育を中心にすえ、「敬虔《けいけん》なる道場であり、君子のクラブであり、聖賢の学の研究所」として、昭和二（一九二七）年四月、金雞学院を、昭和六（一九三一）年四

月、農村の指導者育成を目指して日本農士学校を開学し、導いてきた。その思いを改めて確信するばかりだ。

昭和二十（一九四五）年八月、敗戦を受け入れるにあたって、昭和天皇が詔勅《しょうちょく》を発表される直前、鈴木貫太郎首相からその詔勅を刪修《さんしゅう》することを求められたとき、安岡先生の中にあったのは、宋の大儒張横渠《ちょうおうきょ》の決意だった。

「天地の為に心を立て、生民の為に命を立て、去聖《きょせい》の為に絶学を継ぎ、万世の為に太平を開く」

――天は何千、何百億年という歳月をかけて天地万物をつくり、その果てしない創造化育の末に、霊性を賦与して人間をつくられた。その人間は五十万年かかってようやく人間らしくなってきた。人間が営々と努力して、神にも似た人格を完成させることは、ただ人間ひとりの喜びなのではなく、万物一切の願いの成就である。

私が命を立て、自分の弱さを克服し、見事な人生を築き上げることは、他の人々を励ますことにもなる。だから今はすっかり地に堕ちて絶えてしまったように見える聖賢の学をしっかり受け継いで復興し、万世のために永遠の平和を実現するのだ！

安岡先生は水垢離《ごり》をして身を清め、謹んで詔勅に筆を書き加えていかれた。だから終戦の詔勅は、国民に終戦を告げる昭和天皇のただ単なる布告文ではなく、新しい国家建設に向う気概を吐露した宣言文だった。人はどう受け取ろうが、少なくとも筆を加えた安岡先生においては、それ以外の何物でもなかった。

## 一燈照隅、万燈照国で祖国復興を成す！

昭和二十四（一九四九）年九月、公職追放はいまだ解けていなかったが、安岡先生は已《や》むに已まれぬ思いから、東京・丸の内の日本工業倶楽部で「師友会」の設立発起人会を開催し、活動に入った。目指すところはただ一つ、聖賢の学を復興し、人間を基本からつくりなおし、凛《りん》とした国家をつくりあげることだ。

師友会が掲げたモットーは、「一燈照隅、万燈照国」である。

安岡先生はみんなを鼓舞された。

「自分の今いる所で、ささやかなりとも一つの燈火《ともしび》を掲げ、一隅《いちぐう》を照らしてゆこう。一向に効果があがらず、ときに惨《みじ》めに思うかもしれない。暖簾《のれん》に腕押し、糠《ぬか》に釘のように、はかなく感じるかもしれない。それでも諦めず、自分の持ち場で一隅を照らそうと営々と努力していけば、それに共感する人がきっと燈火を掲げるようになる。そしていつしか全国に広がってゆき、国をも明るく照らすようになるのです。

でも忘れてはならないのは、自分から始める以外にはないことです。ややもすると挫けそうになる自分の弱さを克服し、自分の一燈を燃やし続けたとき、いつの間にか国を導く光になるのです。

同志諸君、そう信じて頑張っていこうではないか」

安岡先生の活動はただその一点に集約された。全国各地で師友会の会合を開くのも、毎月機関誌「師と友」を発行するのも、大正天皇の避暑地として使われていた日光の田母沢《たもざわ》会館で毎年全国研修大会を開くのも、本を書き聖覧の学を講ずるのも、講演をするのも、目的はただ一つ、日本の精神的確立のためだった。

そして八十五年の闘いを終えて、昭和五十八（一九八三）年十二月十三日、大往生を遂げられた。

## 一国は一人から興る

しかしながら序文でも書いたように、安岡先生が逝って二十七年経った今でも、新刊が出され、若い学生や仕事帰りのサラリーマンが書店の自己啓発のコーナーにたたずんで、安岡先生の著書を読んでいる。

蘇老鮮《そろうせん》は一人の人間の力を高く評価し、『管仲論《かんちゅうろん》』でいみじくも、

「一国は一人を以て興《おこ》り、一人を以て亡《ほろ》ぶ」

（一国は一人の賢者によって興隆し、一人の賢者を失うことによって衰亡する）

と述べた。その言葉を想起させるかのように、聖賢の学で祖国を復興せずにはおかない

という一人の信念がここまで国家を揺るがすまでになったのだ。

「一燈照隅、万燈照国」は、まぎれもなく安岡先生自身の人生だった。そしてその火は

いま燎原《りょうげん》の火となってますます燃え広がっている。

# 第二章　現代の麒麟児のバックボーン

## ——北尾吉孝ＳＢＩホールディングス社長と安岡先生

# Ⅰ部　SBIホールディングスを作りあげた男

## 産業界の台風の目

現在活躍中の経営者で、人々の関心をもっとも集めているのは、JALの再建に乗り出した京セラの稲盛和夫名誉会長と、SBIホールディングスの北尾吉孝《よしたか》代表取締役執行役員CEOであろう。

平成十一（一九九九）年七月、ソフトバンクからスピンアウトして、東京・神田錦町に小さなオフィスを構えたとき、北尾社長はもう四十八歳だった。野村證券で二十一年、その後、ソフトバンクの孫正義社長にヘッドハンティングされ、孫社長と二人三脚でデジタル情報革命を進めて来て四年、金融とインターネットの両方を熟知するに至ったとはいえ、起業家としては遅すぎる独立だった。

しかし、中国・後漢の末期、蜀漢《しょくかん》を建国した劉備《りゅうび》を助け、その子劉禅《りゅうぜん》を丞相《じょうしょう》とし

て補佐した軍略家諸葛孔明《しょかつこうめい》の、

「寧静致遠《ねいせいちえん》」

（寧静にあらざれば、以て遠きを致《いた》すなし――心が冷静沈着でなければ、遠大な境地に到達できない）

を座右の銘とする北尾社長にとっては、遅すぎる独立ではなかった。むしろそれよりも用意周到な準備の上、好機到来、満を持しての出帆《しゅっぱん》だったともいえる。

つまり日本版金融ビッグバンといわれた金融業界の規制緩和に揺れる日本の金融界に、勃興するインターネットの普及によって予想される金融業の近未来像を洞察し、インターネット上でワンストップ総合金融サービスを実現しようとして独立した。

その緻密な戦略構想と時代を読む目は、北尾社長の独立宣言とも言える『E－ファイナンスの挑戦（Ⅰ、Ⅱ）』（東洋経済新報社）に詳しいが、その事業展開は人々のニーズに見事に合致して支持された。

例えばSBIホールディングスの子会社にオンライン証券のSBI証券（旧・イー・トレード証券）がある。平成十（一九九八）年に創業し、一回の約定金額が五十万円までの手数料を、二千円から八百円というギリギリの線まで一挙に引き下げたこともあって、オンライン証券の中で先発の松井証券や楽天証券を抜き去っていち早く二百万口座を突破し、株式委託売買事業に限れば、日本最大手の野村證券をも追い越した。

創業から十一年経った現在、北尾社長がかつて標榜した「金融業界の革命児たらん」としたことはとうの昔に達成され、いまでは「金融業界のメインプレーヤー」となった。かくしてSBIグループの第十一期（二〇〇九年三月期）の売上高は千三百九億円、経常利益は三億七千万円となっている。

これは平成二十（二〇〇八）年九月のリーマン・ショックの影響を受け、野村證券や大手都市銀行などの金融機関が軒並み赤字を計上する中で達成した業績である。ちなみにリーマン・ショック前のSBIグループの第十期（二〇〇八年三月期）の売上高は、二千二百二十六億円、経常利益は三百五十七億円だった。いずれも五、六十年以上の歴史を誇る社員数数万人の大企業以上の実績をあげているのに驚かざるを得ない。

ではそのSBIグループを率いる現代の麒麟《きりん》児北尾吉孝なる人物は何者か。

その人物のバックボーンとは何か。

彼は日本社会の近未来をどう描いているのか。

現代日本でもっとも魅力的な人物に肉薄してみよう。

## ライブドアによるニッポン放送買収事件

日本の企業の動向にはあまり関心がなかった人たちでも、平成十七（二〇〇五）年春、堀江貴文《たかふみ》ライブドア社長（当時）がニッポン放送の買収に乗り出した事件は、連日テレビニュースでも報道されたから知っているはずだ。

堀江社長の、一対百の株式分割を行なって株価を暴騰させ、高値がついたところで株式交換によって会社を買収するという手法は、違法ではないものの、違法すれすれの奇策である。しかもその資金調達法をまねるネット企業も現れだし、金さえあれば何でもまかり通るという風潮さえ生まれてきた。

ところが東京証券取引所はじめ、証券取引等監視委員会、大手証券会社は見て見ぬ振りをしていた。事態の推移を見守るばかりで、誰も行動を起こそうとはしなかった。

その状況に北尾社長は我慢ならず、とうとうニッポン放送側の白馬の騎士《ホワイトナイト》（被買収企業にとって有効的な買い手）として名乗りを挙げた。その動機を北尾社長はこう説明する。

「かつて北裏喜一郎《きたうらきいちろう》野村證券社長（当時）は金融業界に携わる者として、『資本市場の清冽《せいれつ》な地下水を汚してはならない』とおっしゃっていました。私もそう思います。堀江社長のやり方は株の需給関係を悪用したもので、とても義憤を感じたので、あえてニッポン放送側のホワイトナイトを演じたのです」

こうして局面は北尾対堀江の全面対決となった。北尾社長の、

「堀江社長が敵対的買収をごり押しし、それを嫌うニッポン放送社員が大勢いるのであれば、みんなスピンアウトし、われわれが作ったファンドで第二ニッポン放送を作ればいい」

などという折を見計らった発言は、ライブドアの株価を数十円、数百円と引き下げていき、とうとう堀江社長の野望を粉砕した。こうして平成十七（二〇〇五）年四月十八日、ライブドアとニッポン放送の親会社フジテレビは和解した。

「フジテレビがもう少し強気だったら、ライブドアが実施する四百四十億円の増資を引き受けることはしなくても済んだはずです。あれは泥棒に追い銭みたいなもので、本当はゼロ円で済んだんです」

大変な硬骨漢である。しかも初志を貫徹できるだけの志も知恵も資力も持っているから、ただの硬骨漢ではない。

## 父北尾精造の教育

そういう北尾社長の行動を裏打ちしているのが、幼い頃、父精造さんから聞いた価値観だ。精造さんは吉孝少年を座らせておいて、四書五経など中国の古典を説いたのではなく、晩酌しながら、自分の人生訓などを語ってくれたという。

『天網恢恢《てんもうかいかい》、疎《そ》にして漏《も》らさず。これは老子の言葉だよ。天の網の目は粗《あら》くて穴だらけのように見えるかもしれないが、実際は緻密《ちみつ》にできていて、決して悪を見逃すことはない。悪事は必ず露見してしまうものだ。だから畏《おそ》れる心を持たなければいけないんだ』

父のそんな話を聞きながら、私も畏《おそ》れる存在を持つようになったことは、大きなことでした。天の存在を認めるなんて非科学的だと嗤《わら》う人は、逆に畏れるものがないから道徳的規範すら踏み外し、法律に触れさえしなければ何をしてもいいと、傍若無人《ぼうじゃくぶじん》になりかねません。

天命を畏れ、大人を畏れ、賢人の言を畏れるということは、目に見えない存在によって自分を律することになります。そういう意味で父が日々背中で教えていたことが、いま自分の中に生きていると思います。父の会話に中国古典の片言隻句《へんげんせきく》が飛び出すので、私は次第に中国古典に親近感を抱くようになりました」

大阪で洋書の輸入販売を行なっていた父親が毎朝仏壇に手を合わせている姿を垣間見て育ったので、畏れる存在を持ち、自分を戒めるということがいっそう身に染みた。

『論語』に『徳ある者は必ず言あり』とあります。正しい行ないをする者は、必ず自分の意見を持っているもので、それを堂々と言うべきだと言うのです。

これもまた父が教えてくれた言葉ですが、

『自ら省《かえり》みて縮《なお》くんば千万人といえども、吾れ往《い》かん』

自分でよく考えてみて、それが正しいことだと思えたら、たとえ誰一人賛成しなくても、勇気を以て立ち向かうべきだというのです。男として身震いする言葉で、これは『孟子』の中に出てくる孔子の言葉です。あるときは『易経』の、

『積善の家には必ず余慶《よけい》あり。積不善の家には必ず余殃《よおう》あり』

を解釈してくれました。

『善行を積み重ねている家には、その報いとして子々孫々に至るまで善いことが起こる。反対に悪行を重ねれば、その家には報いとして、必ずや災いがもたらされる。家を百軒持っても、その全部には住めないだろ。人さまに恩恵を施してこそ、その家は子々孫々に至る

まで栄えるんだ』

というのです。『三つ子の魂百まで』と言いますが、これらが私の価値観を形成していきました。幸いなことに私の家系は、江戸末期の北尾墨香《ぼっこう》という儒学者の家系なので、家にはたくさんの漢籍がありました。それらを引っ張り出して読んでいたので、大いに影響されました。

ライブドアの件ではマスコミから誤解され、誹謗《ひぼう》中傷されることも予想しましたが、私には私心はなかったので、あえて表舞台に立つことを決意しました。それも儒学のこういう価値観に支えられていたから行動できたのでしょう」

SBIホールディングスの応接間には、清末期の哲人政治家曾国藩《そうこくはん》などの名言が書かれた掛け軸が飾られている。北尾社長のバックボーンを形成しているものは、幼い頃父に触発されて読み出した中国古典の人間学なのである。

## 野村證券時代のエピソード

私は冒頭で北尾社長の特徴は、大局を鷲《わし》づかみし、本質を捉《とら》えるに敏だと言ったが、それを物語るエピソードがある。

昭和四十九（一九七四）年、野村證券の最終面接を担当した伊藤正則副社長（当時）は、

「君たちはうちに入って、何がしたいのか」

と訊いた。それに北尾さんはこう答えた。

「何も知らない今の段階では、特に希望はありません。ただどこで働くにしても、世界経済の中の日本、日本経済の中の金融機関、金融機関の中の野村證券というように、いつも三つの側面で考えていきたい」

確かに北尾さんは慶應義塾大学経済学部では五十五教科中、四十九科目で評価A、残り六科目がわずかに評価Bを取っており、抜群の秀才だったが、伊藤副社長はそれ以上に北尾さんの大局を捉える視点に感動し、人事担当課長にこう漏らしたという。

「あいつはお前らには任せられん。おれが直接教育する」

こうして北尾さんは普通の新入社員が配属されるような営業部にはまわされず、総合企画室に配属された。そして一年九か月後には、ケンブリッジ大学経済学部に留学することになった。まさに帝王学を授けるコースだ。

その当時、証券ビジネスに関してはロンドンがニューヨークを遥かに引き離しており、野村證券の人事担当者は、シティ（世界をリードしているロンドンの金融街）に多くの経

済人を送り出しているオックスブリッジ（オックスフォード大とケンブリッジ大と併せて呼ぶ呼称）で最先端の経済学を学んで来てほしいと考えたのだ。それまで野村證券は三年に一度ハーバード大学に留学生を送っていたが、オックスブリッジに送ったのは初めてだった。それほど北尾さんは期待されたのだ。

北尾さんはケンブリッジ大学で二年間、世界中から集った優秀な学生たちにもまれ、専門的な知識を身につけた。帰国して配属されたのは海外投資顧問室、その後ニューヨーク支店勤務となる。ロンドンでもどこでも好きな海外支店を選択するよう命じられた北尾さんが、ニューヨーク支店を選んだ理由が面白い。

「当時ロンドン支店は収益率の高い花形職場で、エリートの出世コースでした。一方のニューヨーク支店は世界一手ごわいポートフォリオ・マネジャーや証券アナリストが跋扈《ばっこ》するニューヨークで戦うわけですから、なかなか収益が上らず、誰もが敬遠していました。魅力ある投資対象には事欠かないアメリカで、リスクを冒してまで日本株を買う機関投資家など一人もいませんでしたからね。

でも私は最も戦いの厳しいニューヨークを選びました。ここで戦い抜き、勝利を収めなければ私の将来は無いと思い、挑戦しました。売り込もうとする株を分析（Analysis）し、戦略（Strategy）を立て、誰よりも汗をかいて実行（Practice）する。このＡＳＰによって一日の商い高八百億円という金字塔を打ち立てました。この記録は今だに破られていないそうです」

そういう北尾さんの実績は当然、田淵義久《たぶちよしひさ》野村證券社長（当時）の目に留まるところとなる。出張で東京に帰ってくるたびに、田淵社長から呼び出され、いわゆる帝王学を授けられ、「次の次はお前だ」とも言われた。当然北尾さんも自分がトップになったら、どういうふうに会社にリードしていくかという視点で経営戦略を練った。

そんなときに予想外のことが起こった。法人部長昇格と見られていた北尾さんはワッサースタイン・ペレラ・インターナショナル社常務取締役として英国に派遣されたのだ。北尾さんにとって英国への転勤は不本意だったが、気を取り直してロンドンで多くのＭ＆Ａ（企業買収）を手がけ、Ｍ＆Ａの実際を熟知するようになった。

ところが、である。北尾さんが英国に赴任しているとき、野村證券が大口顧客に対して総額百六十一億円もの損失補填《ほてん》をしていたことが発覚するという不祥事が起き、田淵社長はその責任を取って辞任した。

この不祥事の中心となったのは本社事業法人部で、もし北尾さんが法人部長になっておれば、処分を免れなかった。ところが北尾さんは事業法人部を離れ、英国で働いていたので、ある意味でラッキーだった。人生、塞翁《さいおう》が馬。どう転ぶかわからない見本だった。

この不祥事後の人事を見て北尾さんは、野村證券にはもう世界に冠たるインベストメント・バンカーになれる力はないと見切りをつけた。

## ソフトバンクからのヘッドハンティング

平成四（一九九二）年六月、北尾さんは野村證券事業法人三部長に昇格した。野村證券はバブルが弾けた後でも幹事比率が下がることはなく、健闘を続けていた。

そこへ平成六（一九九四）年七月二十二日、ソフトバンクが野村證券を幹事証券会社として、東京証券取引所に店頭公開を果たしたのだ。

北尾部長はその日はじめて孫社長と顔を合わせた。自分よりも六歳も若く、三十代半ばの孫社長は、デジタル情報インフラをすべて抑えようと思っているとソフトバンクの近未来図を熱っぽく語った。北尾部長は孫社長の日本ではなかなか見ることができない強烈なリーダーシップにさわやかな印象を受けた。

ところで孫社長はコンピュータ展示会の運営会社コムデックスの八百億円かかる買収劇

で、日本興業銀行を中心とした協調融資団から五百三十億円の融資を受けることにしていた。そのことを知った北尾部長は、銀行から資金を借りなくてもソフトバンクが独自に社債を発行することで資本市場から直接資金調達できると説いた。

このアイデアに孫社長は心を動かされたが、すでに協調融資の話は進行している。結局北尾部長が推薦する社債発行の方法は採用しなかったが、北尾部長の存在は目に留まった。平成七（一九九五）年四月下旬、孫社長は打ち合わせを終えて帰ろうとする北尾部長に引き抜きの声をかけた。CFO（最高財務責任者）として来ないかというのだ。

そこで北尾部長は野村総研の図書室でソフトバンクに関する新聞雑誌情報を集め、インターネットに関する本をあるだけ借りて、その将来性を徹底的に分析した。その結果、

（ソフトバンクもこの業界もまだまだ伸びる）

と予想した。

（しかも孫社長なら野村證券で消えてしまった世界に冠たる企業になろうという夢を叶えさせてくれるかもしれない。孫社長なら私に骨の髄まで燃え尽きる場を与えてくれるかもしれない）

そう思った北尾部長は、平成七（一九九五）年五月、ソフトバンクに入社し、財務担当

常務取締役として、孫社長と二人三脚の人生をスタートした。

## 孫正義社長との二人三脚

北尾常務がソフトバンクで最初にした仕事は、コムデックス買収にあたって五百三十億円の融資を受けた協調融資団にがんじがらめにされている融資条項を撤廃することだった。北尾常務は本邦初の試みとして、社債管理会社抜きの財務代理人方式で無担保普通社債を発行することにした。これに対して各銀行、証券会社は、店頭公開企業の分際で、管理会社抜きで社債を発行するとは何事かと猛反対し、銀行と証券の大戦争に発展したが、幸い野村證券が後押ししてくれたので、総額五百億円の資金を調達することができ、融資条項を外すことができた。

これには孫社長が驚いた。その力量を絶賛し、

「北尾常務はソフトバンクのために、これまで野村證券で修業されてきたに違いない」

と褒めたたえた。その後も、北尾常務は店頭公開間もないソフトバンクの飛躍的発展を、専門分野である資本市場を積極的に活用し、総額五千億円の資金調達を行なって支えた。

創業社長特有のカリスマ的光彩を放っている孫社長に、時にもの申し、時に煙たがられ、

時にブレーキ役に回った。

だからこそ、時価総額二十兆円が百分の一以下に暴落したネットバブルの崩壊のとき、ソフトバンクを救うことができた。北尾常務は孫社長の参謀以上の存在だったのだ。

それに北尾常務にとっても、ソフトバンクという極めて活力に満ちたインターネット企業に身を置いていたから、新しい未来をうかがい知ることができた。つまり、金融とインターネットという極めて親和性が高いもの同士を組み合わせ、格安でサービスを提供するというビジネスが見えてきたのだ。

平成十（一九九八）年九月、ソフトバンクは持株会社制へ移行し、北尾常務が統括していた管理本部は、ソフトバンク・ファイナンスとして独立し、ソフトバンクグループの金融事業部門となった。

そして北尾常務が社長を務めるソフトバンク・ファイナンスを持ち株会社として、ネット証券のイー・トレード証券（現・ＳＢＩ証券）、金融サービスの情報提供を行なう会社であるモーニングスターなどをどんどん設立していった。

「そんなに数多く会社を作ってどうするのか？」

と訊かれたが、北尾常務にしてみれば、相互作用（シナジー）効果を高めるためにも、いろいろなサービスが提供できる企業群がなければならなかった。イー・トレード証券の顧客は銀行、保険サービス、比較サイトの顧客になるはずだし、住宅教育ローンも活用するはずだ。当然、住宅・不動産情報サービス、生活関連サービスも必要とされるから、そのサービスを提供する企業も必要となる。

こうして様々な事業会社を設立し、一つ企業集団を形成した。北尾常務の読みは当り、言っていたとおり「全体は個の総和を上回る」ようになっていった。

## ソフトバンクからの独立

しかしながらそこに問題が起きた。

飽くなき事業拡大を目指し、強引ともいえる孫社長の手法はＡＤＳＬ事業（通常の電話回線とモデム〔変復調装置〕によるインターネット接続よりも、より高速の通信をするためのインターネット接続サービス・システム事業）で四百万人の顧客獲得を果たしたものの、三年連続で一千億円の赤字を計上した。孫社長にとってはそれも計算ずくのことだったろうが、北尾常務にとっては、ソフトバンクが三年連続の大幅赤字を出しているという状況は、傘下に上場企業を有する金融グループ（ＳＢＩグループ）を擁しているだけに耐えられなかった。金融ビジネスでは安心・安全が不可欠なのである。

それに平成十一（一九九九）年に設立したソフトバンク・インベストメントの社長として市場から資金調達しなければならない北尾常務にとって、親会社が大赤字では社債発行などの資金調達がままならないというジレンマに陥った。証券業に引き続き、銀行、生保、損保など許認可事業への展開を考えている北尾常務にとっては、大赤字のソフトバンクの革命分子的イメージでは下りる免許も下りなくなってしまう。自由に資金調達し、事業展開するにはソフトバンクグループから離脱するしかない。

こうして平成十一（一九九九）年三月、ソフトバンクの連結対象から外れ、事業領域の制約がなくなった。そして同年七月、商号をＳＢＩホールディングスへ変更し、平成十八（二〇〇六）年八月、ソフトバンクとの資本関係を解消した。

ソフトバンクにとっては金融部門が離脱することは大きな痛手だったが、同社グループの保有するＳＢＩホールディングスの全株式などを売却して、合計約二千五百億円を手に入れた。孫社長は当時、ボーダフォンの買収のため大きな資金を必要としていたから、大いに助かったといえよう。

## SBIグループの進撃

北尾社長は独立直後の平成十二（二〇〇〇）年春、当時としては異例の千五百五億円もの巨大ファンドを組成し、ITベンチャーに集中投資した。

「ベンチャー投資の世界は成功確率が千に三つだから集中投資はリスキーだ。ここは分散投資が賢明だよ」

と言われた。事実米国ではネットバブルが崩壊し、それが日本にも波及したから、

「だから言わんこっちゃない」

と揶揄《やゆ》された。でも北尾社長には勝算があった。

「私は平成七（一九九五）年から毎月米国に行き、インターネット企業が勃興する姿をつぶさに見てきました。日本は米国から五年遅れていますから、米国で成功した事業を日本に持ち込めば、必ず成功すると読んでいました。いわゆる『タイムマシン経営』です。二十一世紀の成長産業は何かと問われれば、誰でもインターネットとバイオ・テクノロジーと答えます。一時的な後退はあったとしても、成長産業はここにしかありません」

投資は成功し、大きなリターンを手にすることができた。ここでも北尾社長は読み勝っ

たのだ。

インターネットの特徴は情報伝達コストをわれわれの想像以上に引き下げることが可能になることだ。北尾社長の次の挑戦は、最大のライバルだった松井証券が証券取引の手数料引き下げを躊躇《ちゅうちょ》している間に、八百円まで一挙に引き下げるという勝負に出た。これが消費者に支持され、口座数は一気に増え、今日の地位を築いた。これも日本版金融ビッグバンと規制緩和を読み切った北尾社長の勝ちだったといえよう。

現在、個人投資家の九割がネット証券を使っており、そのうち三割五分がSBI証券の口座を利用している。ということは、いまや個人投資家の三人に一人以上がSBI証券の顧客である。大手証券は個人投資家など見向きもしなかったのだが、インターネットというツールは個人投資家を飛躍的に増大させ、SBI証券は彼らを取り込むことに成功したのだ。

この事実は大きい。現在は野村證券が世界に冠たる証券会社だが、顧客は五十代から七十代である。SBI証券の顧客は二十代から三十代。三十年経つとSBI証券の顧客は五十代の現役世代が占め、野村證券はリタイア組が主流になる。ポテンシャリティから見たら、「事業は時間の関数である」という観点からも、SBI証券の方が優位だと思われる。

こうして設立からまだわずかに十一年にしかならないが、例えばベンチャーキャピタル（VC）事業の中核を荷うSBIインベストメントでは、先発の野村グループ系のジャフコや大和証券・三井住友銀行系の大和SMBCキャピタルを、群を抜いて超え、現在の運用資産総額は千二百四十七億円となった。SBIホールディングスは現在社員総数二千五百名、グループ内公開企業は八社、合算時価総額は三千億円となっている。

この事実は、北尾社長の時代の変化を読み取る力がいかにすぐれていたかを物語ってくれる。それでは次に、北尾社長はいかに自分を形成していったか、そのバックボーンとなっているものを見てみよう。

## Ⅱ部　北尾吉孝のバックボーン

### 信・義・仁という経営判断

北尾社長は時代の最先端を行く企業群をリードしているが、経営判断の根拠となっている価値観は極めて古典的である。北尾社長のリーダーシップを分析するには、その価値観を検討しなければならない。やんちゃ坊主がそのまま大人になったような天衣無縫《むほう》な北尾社長は、信・義・仁という価値観について語り出した。

「私はブレない経営判断をするには、やはり物差しを持たないといけないと思っています。私の場合、信・義・仁という三つの物差しがあります。

『信』はそれを行なって社会の信頼を失うことはないか。『義』はそれが本当に社会正義に照らし合わせて正しいことなのか。『仁』は相手に対する思いやりを果たせているか、です。

自分の心を天に通じ合うような状態に持っていくと、五感を超えて、天の意思、天の判断に近い判断ができるようになります。ところが私利私欲で行動すると、天の判断からどんどん遠いものになってしまいます。

だから自分の行動でもって、『大学』がいうところの明徳《めいとく》を明らかにするという心掛けが必要です。経営と修行は別物ではないと思っています」

北尾社長は、数字のパフォーマンスだけを求めるというシビアな経営ではない。だからこそ部下はついていく。北尾社長は創業のときから口をすっぱくして言った。

「ベンチャー企業への投資は、投資を通した直接的な社会貢献だ。金儲けだけではない。日本を代表するような新しい企業を育成し、世界にはばたかせよう」

その使命感がライブドア事件のときにも現れたし、爽《さわ》やかな社風にも現れている。

## 安岡先生に啓発されて

その北尾社長は、「安岡先生のお蔭で人間学とは何か、中国古典とは何かということが頭の中に体系的に入ったように思います」と語り、安岡先生への尊敬の念を隠さない。「大局を見る」「事の本質を摑《つか》む」「多面的に見る」視点形成のヒントになったと言う。

その安岡先生への尊敬の念が、北尾社長が渾身《こんしん》の力を振り絞って書き上げた『安岡正篤ノート』（致知出版社）にストレートにほとばしり出ている。私はこの本を読み、北尾社長は東洋の古典を渉猟《しょうりょう》されているだけではなく、安岡先生に対する深い尊敬の念を持っておられると感じた。そこで北尾社長に安岡先生への思いを披瀝《ひれき》してもらった。

「私はなぜこの度『安岡正篤ノート』を書いたかというと、私が安岡先生の書物を読んで書きとめていたノートを公開して、少しでも大勢の若い人たちにこの考え方を広めたいという気持ちからです。

安岡先生が昭和五十八（一九八三）年十二月十三日、八十五歳でお亡くなりになったとき、私はまだ三十二歳、ニューヨークで一生懸命顧客回りをしていたときでした。安岡先生とは年齢が五十三歳違いますが、直接師事できなかったのが残念です。

しかし時々テープで講演を聴きます。書物で読む良さもありますが、テープを通して生の声で聴くというのも格別のものがあります。私が三十年早く生まれていたら、安岡先生が主宰されていた金雞《きんけい》学院か日本農士学校で、きっと師事していただろうと思います。

安岡先生も、大局的に物事を見る、物事の本質を見る、長期的な視野で物事を見る、多面的に物事を捉《とら》えるとおっしゃっています。詳細を見るのは後からでいいのです。安岡先生の書物を読んでいて、私の本の読みかたはまだまだ知識を修得することに終わっていたなと気づき、これではだめだと反省しました」

そう言って、北尾社長は鎌倉時代後期の臨済宗の禅僧虎関《こかん》禅師が、「古教、心を照らす。心、古教を照らす」と喝破していることに言及した。

「虎関禅師は『古人の教えが心を照らしてくれる』という段階だけではいけない。その次の段階として『自分の心が、古人の教えを照らす』ようにならないといけないとおっしゃっています。この言葉にも教えられました。

いかに主体的に本を読むか。自分の頭で分析するだけではなく、体験し、実践して、書かれていることを実証していく。そういう思いがどんどん強くなって、自分自身言ったことはやり抜こうという気持ちになる。知行合一という気持ちが強くなっていきます」

安岡先生は古人のそういう言葉を引用し、古典を読むということは見識を育て、胆識《たんしき》を練ることだと説かれた。関西財界人は安岡先生を囲んで「無以会《むいかい》」という勉強会を持っていた。新井正明住友生命社長、豊田良平大阪屋証券副社長、廣慶太郎《ひろけいたろう》久保田鉄工社長、岩澤正二住友銀行副頭取、宇野収《おさむ》東洋紡会長などである。

この席でも安岡先生は虎関禅師の名言に言及し、

「自分が主体となって本を読み下せるようになって、初めて本物だ」

と説かれている。北尾社長は経済人がそういう原理原則を学んで見識を高め合っていたことが素晴らしいという。

「それは啓発的な研鑽《けんさん》の場だったでしょうね。凜《りん》とした空気が伝わってくるような気がします。時に実業の場を離れて、宇宙空間に遊ぶような場が今こそ必要なんです」

北尾社長は若い頃から意識して自分の観点を磨くことをやってきたという。

「王陽明の事上磨錬《じじょうまれん》ではありませんが、自分が主体になって物を見る訓練をしていかなければいけないと、たとえばテレビの中の探偵役になりきって、犯人を突き詰めていきました。あるいは記者会見のニュースを見て、あの社長はこう言っていたが、自分ならこのように言うとか、考えました。本を読んだことをベースに、自分の事業ではどのように実践するか。知識を得たら自分の事業の中でどのように実践していくかと考えるんです。

多くの経営者は学者の言うことなんか聴いてどうするのか、学者の本を読んでも役に立たないと言いますが、私の意見は違います。きちっと読んで自分の事業にどのように活かすか、分析します」

北尾社長の読書量はすごい。野村證券からソフトバンクに移るときも、新聞雑誌の記事だけではなく、インターネット業界に関する本を二十数冊も徹底して調べ上げ、自分の判断のソースとしている。

北尾社長の洞察力はすごいとか、先見の明があるとか言われるが、それを裏打ちする努力がなされている。北尾社長を直接知っている人が北尾社長のことを、「天才肌の努力家だ」と言っていたが、正鵠《せいこく》を射た表現だと思う。北尾社長は言う。

「敵も知らないといけないし、己も知らないといけない。孫子に言われるまでもなく、現状認識を充分したうえで、攻めていくことです。科学的に、昔風に言えば窮理《きゅうり》、すなわち理を窮《きわ》めることが非常に大事だと思いますね。そのうえで算が立てば攻めようということになります」

こうした発言にうかがえるように、北尾社長は諸葛孔明のような軍略家でもあるのだ。

## 人間学は直観力を養う

ところで以前にも述べたように、北尾社長は中国古典や人間学に極めて造詣《ぞうけい》が深い。その経験から、中国古典や人間学は直観力を高めるという。中国古典や人間学の勉強は一見知性を練磨するように見えるが、違うらしい。そこでその理由を訊いた。

「古典というものは聖賢の直観的叡智《えいち》の結晶を述作したものです。叡智は心を澄まさなければ得られるものではなく、心を澄ませれば当然インスピレーション（直観力）が高まっていきます。古典を勉強するには心を澄まさなければいけませんから、勉強することでインスピレーションが養われるのではないかと思います。

そもそもインスピレーションとは、五感を超えて心で直接認識することです。儒学だけではなく仏教でも、お釈迦様は布施《ふせ》や持戒《じかい》などの六つの六波羅蜜《ろくはらみつ》を実践することによって悟りを開かれたと言われています。そうしたことの実践が直観力の形成につながっているように思います。

『大学』は明徳《めいとく》を明らかにすると言っています。人間の心は本来きれいなものですが、私利私欲の中で次第に汚れていきます。汚れていくと、どんどん天の意思から遠ざかります。だから私利私欲を脱却して、自分を天の意思に近づけていくことを意識して努力しなければいけません、これが修行です。ビジネス社会でも修行という観点を忘れてはいけないように思います。

中国清王朝末期の軍人で哲人政治家の曾国藩《そうこくはん》は、自分を磨いて磨いて磨き切りました。

だから彼が書き残したものや彼について書き表わしたものが、私どもの心をきれいにしてくれます。

儒学には自分の心の奥に内在するほんとうの自分自身を明らかにさせていく働きがあり、直観力を高めていくには儒学を勉強することがいいのではないかと思います。最近、右脳の力を高めて直観力を養うという形の本ばかりが出ていますが、私はそれは皮相な見方でしかないと思います」

曾国藩は若い頃、「黎明即起《れいめいそくき》」（目が覚めたらいつまでも布団の中でぐずぐずしない）を信条として、早朝起きだして自分を練り、とうとう清王朝を背負って立つ存在になっていった。国民党を率いた蒋介石《しょうかいせき》も大変尊敬した人物で、安岡先生も講演の中でしばしば言及されていた。

「中国の古典は短い言葉で核心をずばっと衝いています。安岡先生は処女作『王陽明研究』（明徳出版社）に、ショウペンハウエルもカントもヘーゲルもマルクスも読んだが、欧米の哲学者の本よりも東洋の思想家の本の方が心にしっくりきたと書いておられますが、私も同感です。現代においては東洋思想がますます大事になってくると思います。

残念ながらいまの学校教育では、東洋思想をちゃんと受け継ぐということがなされていません。これはまことに残念でしょうがありません」

## 中国が北尾社長の倫理観に注目

ところがいま中国では北尾社長の提言が注目されている。ドッグフード事件や粉ミルク事件とかギョウザ事件などが相次ぎ、従来のままの商道徳では輸出ができなくなっているのだ。

「私はこれまで北京大学や清華《せいか》大学で講演しましたし、近々復旦《ふくたん》大学でも講演することになっています。私の本が中国ですでに七冊ほど翻訳出版され、好評を博しているので、講演にも呼ばれたということでしょう。受講者の中に、古典など勉強して経営に役立つのかという疑問が見て取れました。

明治時代という日本資本主義の勃興期《ぼっこうき》に、渋沢栄一は『論語と算盤《そろばん》』（角川学芸出版）を掲げて経済道徳合一説を唱えました。いま中国のステージはそういうステージです。文化大革命のとき、すなわち一九六〇年代後半から一九七〇年代前半、中国は批林批孔《ひりんひこう》と称して、秦の焚書坑儒《ふんしょこうじゅ》のように儒学を排斥しました。

その後、四人組みの時代が終わり、ようやく新たな中国ができました。経済は資本主義的な動きを執るようになりましたが、まともな商業道徳が育っていないので、輸出でトラブルが続出しました。

いま彼らにとって道徳をどうするかということが大きな問題になっていて、小学校から『論語』の素読をやり直しています。道徳の再構築と会社経営とはいかなる係わり合いを持つのか、中国のビジネススクールはそれをとても知りたがっています。

先ごろ新華社通信が私を取材し、私を『儒商《じゅしょう》』と紹介していました。これから中国にも私のような価値観の人材が必要なんだという意識が徐々に芽生えているように見受けました。于丹《ゆうたん》さんの『論語力』という本が一千万部も売れている状況で、中国も随分変わってきたと思いますね」

## バックボーンを作る

何をするにしろ、自分の中に信念がないと目標を達成することができない。信念を生み出す元になるのがバックボーンだ。このバックボーンの形成について、北尾社長には一家言ある。それをじっくり聞いた。

「現在の日本を見ていて、教養を持ったエリート階層が非常に薄くなっていると感じています。昔はエリートを育てる教育システムがありました。旧制高校から大学へ進むなかで、未来の指導者たちは古典をよく読み、自分のバックボーンをつくっていました。それに若い人たちの向上意欲をきちっとリードしている人物たちがいました。だからこそその時代その時代の難局に立ち向かい、国家の活路を切り開いていったのでした」

北尾社長の話は鎌倉時代に飛んだ。歴史に学ぶことによって、バックボーンを形成しようとしているのだ。

「話は古くなりますが、一例を蒙古襲来《もうこしゅうらい》のときの、時の執権《しっけん》北条時宗《ときむね》にとってみましょう。

北条時宗は不退転の決意でもって国難に立ち向かいました。その時宗を支えたのが、彼が明《みん》から日本に招いた無学祖元《むがくそげん》禅師でした。祖元禅師は鎌倉の建長寺に住み、鎌倉武士たちの肚《はら》を臨済禅によってつくり、後に円覚《えんかく》寺の開山《かいさん》となった人物です。

その祖元が元朝の支配から逃れて、中国・温州の能仁《のうにん》寺に隠れていたときのことです。元軍が能仁寺に攻めてきて、大刀を振りかぶって祖元の首を斬り落とそうとしました。

しかし、大刀の下で坐禅を組み、少しも動じない祖元に、元兵はどうしても大刀を振り下ろすことができず、一礼をして立ち去ったといいます。祖元はそのとき、次のような漢詩を唱えたとされています。

乾坤《けんこん》孤筇《こきょう》を卓《た》つるに地なし

ただ喜ぶ、人も空、法もまた空なることを

珍重す、大元三尺の剣

電光影裏、春風を斬る

（この広い天地に一本の竹の杖を立てる地すらない。喜ばしいことに、人も空、法もまた空である。元兵よ、三尺の剣を大切にせよ。わしの首を斬ったとしても、稲妻が春風を斬ったようなものではないか）

人間の修行はこの境地まで行くんですね。北条時宗が持っていた不退転の決意とは、祖元老師の指導に裏打ちされていたんです。だから元の襲来を跳ね除けることができたんだと思います」

歴史を学ぶということは、決して歴史の知識を得ることに留まらない。歴史を学びながら、肚力《たんりょく》が形成されていく。北尾社長はそういう教育を行ないたいのだという。それが後に述べるＳＢＩ大学院大学の構想に結晶化していくことになる。

## 人間学は人生訓だ

北尾社長の会話にはしばしば中国の聖賢たちの名言が出てくる。その一つに、明の崔銑《さいせん》が書いた「六然訓《りくぜんくん》」という人生訓がある。

自処超然《じしょちょうぜん》
処人藹然《しょじんあいぜん》
有事斬然《ゆうじざんぜん》
無事澄然《ぶじちょうぜん》
得意澹然《とくいたんぜん》
失意泰然《しっいたいぜん》

これは北尾社長の人生訓にもなっているので解説してもらおう。

「これは『聴松堂語鏡《ちょうしょうどうごきょう》』に出てくる言葉です。解説するとこうです。

自ら処すること超然――自分に関する問題は一切囚《とら》われない。
人に処すること藹然――人には温かい眼差しをもって接する。
有事には斬然――有事にはすばやく対処する。
無事澄然――何も無いときには、氷のように澄み切っている。
得意澹然――得意のときは逆にあっさりしている。
失意泰然――失意のときは逆にばたばたせず落ち着いている。

私は中でも最後の二つ、『得意澹然《たんぜん》』と『失意泰然《たいぜん》』を肝に銘じていて、自分を正すのにとても役立っています。人間は得意のときは鼻高々になるものですが、そういうときこそ淡々としなきゃいけない。失意のときはどうしても意気消沈してしまいがちですが、だから観点を変えて泰然自若《たいぜんじじゃく》と構えているべきです。これは強がりではなく、『切り替えろ』ということでしょう。

別な古典の教えでいえば、『恒心《こうしん》』ということにつながります。言い方を変えれば平常心ということでもあります。何が起ころうと動じない恒心を養うことが非常に大事です。古典を勉強すれば、これが養っていけます。

ところが現代人は判断の物差しを持っていないので、ぶれる人が多い。しかし哲学者の森信三先生流にいえば、人生で起きていることは自分自身にとって最善なのだと素直に受け入れて、平常心を保つべきです。この『最善観』というのはすごい達観です。その考えに立つと、難局というのはまったく存在しないことになります」

そして北尾社長は、自分の生き方のコツを披露した。

「私はあらゆることは天が導き給うことであって、どんなことが起きても、自分にとっていいからそうしてくれたのだ、これは天意なんだと思うようにしています。

天に任せ、運に任せる生き方は、ある意味で気楽な生き方に見えるかも知れませんが、天という存在に対する深い信頼がないと、なかなか任天《にんてん》、任運《にんうん》という気持ちにはなり得ないものです。

ところが宇宙の仕組みを理解すると、あらゆることに無駄はないと思えるようになってくるんです。そもそも事業は八割失敗するものです。成功は二割の確率だと思っておれば、失敗しても落ち込みません。むしろ失敗に備えて、第二案、第三案を用意しておけます。それに失敗しても、これは天意なんだと素直に受け止めることができます。

私はそう思っているから、失敗しても落ち込まないし、ストレスも溜まらず、次の手が打てます」

成功する人は切り替えが早く、軌道修正する柔軟さがある。そういう生き方こそ身につけたいものである。

## 人間学と時務学の両方をやる大学院大学

北尾社長が学長として、横浜に設立したＳＢＩ大学院大学は、働きながらｅ《イー》ラーニングで学び、ＭＢＡ（経営学修士号）が取得できるスキルアップの専門職大学院（通信教育）だ。しかしカリキュラムの中には人間学がしっかり組み込まれているところを見ると、学生たちに人間学を研鑽《けんさん》させながら、ビジネスに立ち向かう肚《はら》をつくらせようという北尾社長の思い入れが感じられる。

「いま人間学を教える大学や大学院がありません。私自身、大学では習わなかった。幸いにして私は本で習いましたが。でも本を読む人はまだいいし、親が教えてくれる人は幸せです。

では誰も教えてくれない人はどうなるのか。本来、人間がいかに生きるべきかということは、一番先に教えてもらわなければいけないことです。だから昔は『論語』『小学』『中庸《ちゅうよう》』『大学』など、中国古典を教えました。なぜ今はそれを教えないのか、残念でなりません。

このままでは日本の社会が根底から崩れていってしまいます。

そういうことを勉強する機会を持ち、そこで学んだ人間たちが人間学を経営の中に実践して、社員や取引先等を感化していく。そうすれば一燈照隅から一燈照国になると思います。安岡先生の気持ちもきっとそうであったろうと思います。

私が人間学の書と経営学の書の両方を書いているのは、孔子風にいうと、人間学と時務《じむ》学と両方備えてこそ、バランスのとれた経営者になると考えたからです」

北尾社長は日本のみならず、欧米やアジアで事業を展開し、それこそ面会も十分単位という忙しさの中にありながら、自分の提言を本という形で発信している。

経営に関する本では、『価値創造の経営』『E―ファイナンスの挑戦（Ⅰ、Ⅱ）』『進化し続ける経営』（共に東洋経済新報社）、『不変の経営・成長の経営』（PHP研究所）、『時局を洞察する』『窮すればすなわち変ず』（共に経済界）を書き、人間学の本では、『人物をつくる』（PHP研究所）、『中国古典からもらった不思議な力』（三笠書房）、『何のために働くのか』『君子を目指せ、小人になるな』『安岡正篤ノート』（共に致知出版社）、『逆境を生き抜く――名経営者・先哲の箴言《しんげん》』（朝日新聞出版）などを書いている。

まさに寧居《ねいきょ》に暇《いとま》なしの生活だが、それでも面会を求めてくる人には極力時間を割いている。なにか的確なアドバイスができればと思ってのことである。

「若い経営者が私のところに出資してほしいと言ってこられます。話を聴いてみると、才能がある人はいますが、残念ながら徳がない。事業をやっていく課程では山あり谷あり、いろいろあります。それらを、人を束ねて乗り切り、事業を継続して牽引していくためには、もっと徳を磨かないとだめですと教えます。リーダーに徳さえあれば、意欲のある有徳の士が慕って集ってくるから事業は伸びるんです。

事業とは人と人とが集って組織をつくり、組織と組織が取引するものです。交渉するのは全部人間が行なうもので、人間と人間とのぶつかり合いです。その中で、この人は信頼できるか、一緒にやって大丈夫かと考えます。交渉事はその一点に尽きると思います。

この人は信頼できるということになると、まさに縁尋《えんじん》機妙《きみょう》、縁が縁を訪ねてくるようになります。結局は人なんですね。だから人間をつくるということをおろそかにしちゃいけません」

事業は人なりという考えが片時も離れない。だから人間学と時務学の両輪こそ必要なのだと確信するのだ。

## 利益の社会的還元こそ、事業家の使命

北尾社長は新しい産業の創出に心を砕いているが、一方では「陰徳を積む」という言葉のとおり、利益の社会還元ということにも熱心だ。北尾社長はグループ内の個々の企業が一億円以上の利益を上げたら、その一パーセントは社会還元しようと決めて実践している。個人としても養護施設やユニセフ、里親制度を進めているフォスター・プラン協会などに多額の寄付をしている。それも安岡先生の影響に負うところが大きいと北尾社長は述懐する。

「私がもし、安岡先生が生きていらっしゃるときに巡り合っていれば、どれだけ力を得たかわかりません。でも安岡先生は、死んでからでも人々に大きな感化を与えることができることを、身を持って示されました。安岡先生亡きあとも多くの本や講演テープが出されていますが、それがどれほど多くの人たちに影響を与えているかわかりません。

そう考えると、生きているときだけを考えていてはいけないと叱正《しっせい》されているように感じます。死んで家族に金銭的な遺産を残すのではなく、精神的な遺産を残せるような者であれ、と。

そう考えると、安岡先生がいつもおっしゃっていた『喜神を含む』や『心中絶えず感謝の念を含む』、あるいは『陰徳を積む』ことが極めて大事なことであるように思います」

北尾社長は私財を投げ打って、埼玉県嵐山《らんざん》町に被虐《ぎゃくたい》待児の短期治療施設である社会福祉法人慈徳《じとく》院を設立した。慈徳は父親の戒名から採った名前である。

「慈徳《じとく》院は最初埼玉県につくろうと思って土地を探していました。なぜ埼玉県かというと、私が日本の三人の偉人と仰いでいる『論語と算盤《そろばん》』を掲げた実業家渋沢栄一翁、そして日比谷公園、明治神宮などを設計し、『日本の公園の父』と仰がれた本多静六《せいろく》東大教授、それに人間学の大家ともいえる安岡正篤先生が埼玉県ゆかりの方々ですから、ここにしようと思ったのです。

最初、埼玉県が推薦してきた場所は川越市の保健所の跡地でした。ところが周囲の学校のPTAが、親に虐待されて精神が痛んでいる子たちが同じ学校に来るのは困ると反対されたので、結局そこには建てることができませんでした。

次に県が紹介してくれた場所にほぼ決まりかけていたら、そこに急遽《きゅうきょ》火葬場を建設するという企画が持ち上がり、結局そちらのほうが優先されてしまいました。やれやれ埼玉県では無理かなと思っていたら、ご縁とは不思議なもので、安岡先生が昭和六（一九三一）

年に開学された日本農士学校がある嵐山町に決まったので、びっくりしました」

これはもう安岡先生の招き以外の何物でもない。

「私が埼玉県嵐山町につくった情緒障害児短期治療施設は、今でも全国に三十一、二しかないんです。被虐待児の数はどんどん増えていて、それらの子どもたちがちゃんとした治療を受けなかったら、いまテレビで問題になっているように、長じて自分の子どもを持ったときに同じことを繰り返してしまう可能性が高いのです。

被虐待児の問題も結局、道徳教育の欠如が大きく起因しているからだと思います。昔は虐待はそんなに多くはなかった。今はどんどん増えていて、何という親がいるのかと、唖然としてしまいます。

現在四、五十人を預かって治療していますが、私ができることはわずかでしかありません。でもこの輪をどんどん広げようと思って努力しています。

本来一番親が子どもを愛しているはずで、子どもからみたら親は真っ先に庇護《ひご》してくれるはずなんです。そこに無償で無私の愛があるからこそ、子どもは親を敬する気持ちを抱きます。そういう世界であったはずが、今は悲しいことに崩れてしまいました。人間学を勉強しないと、そういうことになってしまいます。道徳教育は絶対やらなければいけないと思います。

私はその他にもＳＢＩ子ども希望財団という公益財団法人を作って、いろいろな施設に寄附したり、子どもたちの自立に向けた支援もしています。また、児童養護施設で働く職員のスキルアップのために関東、関西に分けて研修をするとか、虐待防止のための啓発活動であるオレンジリボン運動の支援も行なっています」

ところが自立というのがまた難しいらしい。施設を出る予定の人たちが、家を借りたり、就職しようとしても、保証人がいなくてはできない。住む家が無く、就職もできない人たちがどうやって生活できるのか。世の中は自立がしにくい仕組みになっているらしく、これらを一つひとつ解決していかなければならないから大変だ。

「生涯かけてやっても、どこまでやれることか……暗澹《あんたん》とすることがあります。でも渋沢栄一翁はいくつもの福祉活動をされていました。私もＳＢＩグループをいまの何十倍も大きくして、福祉事業に全力投球して、棺桶に入りたいと思っています」

福祉事業は本業のネット金融以上に労力を使うが、北尾社長はそれも自分の天命だと思い取り組んでいる。

## 日本の将来を展望する

平成二十（二〇〇八）年六月十五日から十六日にかけて、次世代を背負う世界の五百社もの成長企業が集って、「ワールド・エコノミックフォーラム・オン・イーストアジア」という経営者の会議がマレーシアのクアラルンプールで開かれ、北尾社長も呼ばれた。主催者の世界経済フォーラムは、毎年一回、スイスのダボスに、各国の政治・経済・行政のトップを呼んで開く「ダボス会議」の主催者である。

そこに呼ばれ、世界の成長企業のトップと交わって、北尾社長はつくづく感じた。

「日本の産業を育てるだけの時代は終わりました。これからは世界の産業を育てていく時代だと感じました」

事実、ＳＢＩホールディングスの投資先は、中国、ベトナム、インド、ロシア、ハンガリーと広がっている。それだけに日本の現状が見えている。北尾社長の目には日本の現状がどう映っているのか訊いてみた。

「これまでの日本は『物つくり日本』と呼ばれたように、外貨を獲得する手段として物つくりがありました。日本人の持つ感性とうまくマッチして、これまでは国際競争力のある物つくりができていました。

しかし中国を初め、インドやベトナムなどの新興国が次から次へ台頭してきて、コスト的にどうしても太刀打ちできなくなりました。だから生産の現場を日本から中国などに移さざるを得なくなり、日本での物つくりは急速に縮小していきました。

では、この一億二、三千万の私たち日本人はこれから何で食べていくのか。まして少子高齢化によって、人口も減っていく状況にある。こう考えると、ちょうどペリーが来航した幕末と同じくらい、今日の日本は非常に大きな変革の波にさらされていると言えるでしょう。

一九八〇年代、アメリカの産業はことごとく日本にやられて、現在の日本と同じような状況になりました。そのときアメリカは日本に学べとばかり、新たな産業を創出する努力をしました。そしてインターネット・テクノロジー、バイオ・テクノロジーなど、新しい産業を次々に生みだし、アメリカを大きく再生させました。

ところが日本はポスト工業化社会のステージに入るべきときに、うまく入れていません。それが今日の低迷の原因です。私はポスト工業化社会の中心を荷うのはインターネット・テクノロジーであり、バイオ・テクノロジーだと思い、そこに重点的に投資しています。

私は民主党の国会議員たちによくお会いしてお話する機会がありますが、いま日本はどこにあるのか、今後日本はどちらに進んでいくべきか、国の舵取りをする政治家たちがしっかりした定見を持っていないと、日本はますます迷走してしまいます。民主党の政治家たちはみんな若いですから、しっかり勉強してほしいと励ましています」

私たちが『竜馬がゆく』にしろ『坂の上の雲』（共に文藝春秋）にしろ、司馬遼太郎の作品を読んで血湧き肉踊るのは、主人公が時代の流れを読んで先へ先へと手を打ち、それが見事に当って難局が打開されていくのを見るからである。主人公はまるで鳥さながらに大空を滑空《かっくう》し、鳥瞰《ちょうかん》図を眺めるように地上を俯瞰《ふかん》し、時代を読んでいる。

時代を読む目——

おそらくこの先見力こそ、北尾社長が人間学を通して獲得しているものである。無論、先天的に大きな素質が与えられている。しかし、それを磨いて玉にしたのは人間学である。この人がいるところ、語るところ、司馬作品と同じように熱気がある。熱気ある集団はついに目標を達成して行く。

おそらく北尾吉孝という現代の麒麟児は、これからも私たちが予想する以上に胸のすく活躍を見せてくれるのではなかろうか。

# 第三章　今生の命一切、靴下に捧ぐ

――越智直正タビオ会長と安岡先生

## 靴下がわしを選んだんや！

「あれは昭和六十二（一九八七）年九月、アメリカの流通業者の視察に行ったときのことや。フロリダ州でスーパーマーケットを視察し、ケネディ宇宙センターを見学した後、ホテルにチェックインし、ディナーショーに向いました。そのビルの屋上に上ったら三百六十度見渡す限りの地平線を見ることができると聞いたので、夕食までわずかな時間しかなかったけど、それを見ようと思うて屋上に上りましたんや」

と、いきなり関西弁風の伊予弁が飛び出した。いま飛ぶ鳥を落とす勢いの靴下メーカー・タビオ（旧名ダン）取締役会長の越智直正《おちなおまさ》さんが、大きな転機となった出来事をしゃべっている。右手には常時離さない煙草が紫煙を上げている。短く刈ったいがぐり頭が気っ風のいい伊予弁とマッチしている。

「ドアを開けて外に出てみると、地平線の彼方まで広野が続いていました。それまで見たこともない光景でした。広いったらありゃしません。そこにタライほどの大きさがある真っ赤な太陽がまさに沈もうとしており、地平線が黄金色に燃えていました。あまりの荘厳さにわしは思わず直立不動し、神々しい光景に見入ってしまいました。大自然はそのまま神でした。そのうちに熱いものがこみ上げてきて、ひれ伏したいような衝動に駆られたんです。

その時や。わしは熱い迫りを受けた。

『お前をこの世に遣《つか》わしたのはわしや！』

神さまがわしを遣わしたというのです。そしてさらに、たまげたことに、靴下がわしを選んだというのです。

『韓国や台湾から安価な靴下が流入して日本の靴下業界は大打撃を受けただけではなく、価格競争に巻き込まれて、安価な労働力を韓国や台湾に求めて生産拠点を移したので、日本の靴下産業は風前の灯火になってしもうとる。日本の靴下業界を救うのはお前だ！』

わしは思わず反論しました。

『この業界にはわしより賢い人間はたくさんおるっちゅうのに、何でよりにもよって中卒でしかないわしを選んだんや？』

すると、

『お前ほど靴下のことを考えている人間は、日本広しといえどもいない。お前は寝ても覚めても、考えているのは靴下のことだけだ。だから選んだのだ』

というのです。

寝ても覚めてもというのは事実や。でもそれは、わしがあほやから、そこまでせんと普通の人には太刀打ちできんと考えて頑張ってきただけなんや。

しかし、靴下がわしを選んでくれ、そこまで期待してくれているからには、不肖《ふしょう》越智直正、何があってもその期待に応えなあかんと覚悟を決めました。

それ以来、わしは靴下に対していっそう謙虚になり、製品の質の向上と流通機構の改善にいのちを懸けるようになりましたんや」

人間が天命を知り、その実現に向けて時間も忘れて一生懸命になるとき、驚くほどのことが成就されていく。創業者の越智直正さんが会長を務めるタビオは、平成十二(二〇〇〇)年十月、靴下業界では初めての快挙である大阪証券取引所二部上場を果たした。タビオは現在、全国に「靴下屋」「ショセット」「タビオ・オム」などの直営店、FC店合わせて二百八十六店、イギリスに七店舗、パリに一店舗展開して、毎年二〇数パーセントの伸びを示し、二〇〇九年二月期は約百五十五億円を売上げている。

ここ数年のタビオの勢いは驚異的であるが、最大の理由は品質の高さだ。その理由を越智さんは胸を張って答えた。

「タビオはデザインと品質で勝負してまんのや。世界一の靴下やと自信をもって言えま。わしが丁稚《でっち》のころ、キング靴下の大将（社長）が口をすっぱくして言うてました。画家というものは自分の思想を形にしたものが絵や。音楽家は自分の思想を形にしたら音楽になる。お前が作った靴下はお前の心や考え方が形になったもんや。ごまかしたらあかん、と。わしは自分の顔に泥をぬるような靴下は作っとらん」

大変なプライドである。だからこそ顧客の支持を得た。

越智さんの話は商道というものに発展した。

「剣術はただ相手を倒すだけの術から、剣道といわれるような道に高められていったから、武士が無くなったあとも、精神修養の方法として生き残った。柔術も道にまで高められていったから、柔道として生き残ったといえます。

商売も商道といわれる域にまで高められてこそ、生き残ることができる。商売人はもっとプライドを持たないかんとちゃいますか。それなのに売って儲けることばかり考えていたら、商売は地に落ちてしまう。現今の状況はわしら商人に対する警告と違いまっか」

越智さんのこの言葉は彼の生い立ちを見ると、万感の思いから発せられていることがわかる。並みの人生ではなかったのだ。

## 丁稚奉公に出る

越智さんは三方を四国山脈に囲まれた愛媛県周桑《しゅうそう》郡周布《しゅうふ》村（現・西条市）で、昭和十四（一九三九）年六月二日、十一人兄弟の末っ子として誕生した。母親が四十七歳のときに生まれたので、家族から甘やかされ自由気ままに育った。

ところが修誠《しゅうせい》中学一年のとき、長兄の赤ん坊を小川で流してしまうという大変な失態をしてしまった。悪がき仲間が集まって、赤ん坊は水に浮くかどうか実験し、手から離して流してしまったのだ。あやうく助けあげて事無きを得たものの、父親の逆鱗《げきりん》に触れ、

「こんな奴は高校に行かせる必要はない。中学を卒業したら、大阪に丁稚《でっち》に出す」

と怒鳴られた。しかもこともあろうにその晩、父は脳溢血で倒れ、不帰の人となってしまったのだ。

葬式が終わって家督を継いだ長兄は、越智少年のしくじりを許そうとはせず、父の遺言として大阪に丁稚奉公に出すと言い渡した。越智少年は仰天して、高校にだけは行かせてくれと頼んだが、父の遺言だからという一点張りで拒否された。

卒業の年になった。卒業生百六十五名のほとんどが進学し、就職するのはわずか三人だ

けだった。進学をあきらめた越智少年は、河原でみんなしてすき焼きを囲む卒業パーティだけは精一杯楽しもうと思って張り切った。ところが長兄に卒業式を待たずに大阪に就職しろと命令された。あまりのことに愕然《がくぜん》として、

「せめて卒業式だけは出させてほしい」

と泣いて頼んだが、聞き入れられなかった。

三月七日、職員室に別れを告げに行くと、どの先生も絶句し、目頭を押さえて別れを惜しんでくれた。その一人、国語の山本隆潤《たかひろ》先生はこう諭して励ましてくれた。

「いいか、直正。わしは商売のことはようわからんが、これからの時代は何をするにしても中卒では難しい。だから丁稚に行っても、人一倍勉強せなあかん。これからお前の先生は本じゃ。時間を作っては本を読んで自分をつくるんじゃぞ。本は……そうだな、中国の古典がいい。人間をつくるにはこういう本が一番だ。難しくても、石の上にも三年というぞ。読書百遍、意自ずから通ず、だからな」

越智少年は自転車に乗って校門を出るとき、何回も振り返り、流れる涙を止めることができなかった。

その夜、母は息子が大阪で必要となる着替えや洗面用具など細々としたものを布製のボ

ストンバッグに無言で詰めながら、息子の顔を絶対に見ようとはしなかった。見ると、洗濯用の大きな固形石鹸を何度も出したり入れたりしている。心が空ろになっているのだ。それがすべてを語っていた。越智少年はひと声、

（かあちゃん！）

と言って抱きつきたかったが、みんなの手前我慢した。でも握りしめた拳《こぶし》が両膝の上でぶるぶる震えていた。最後の夜、独り座敷で寝ていると、母が自分の布団を横に敷き、息子に腕枕して言った。

「直、浮世とはこういうもんぞ。辛抱せいよ」

それを聞いてこらえていたものが一気にあふれ出し、母の懐でわあわあ泣いた。そんな息子の肩を母はいつまでも叩いて慰めてくれた。

翌日の三月九日夕方、大勢の同級生に見送られて、大阪行きの急行列車に一人乗り込んだ。車中、姉が餞別にくれた夏目漱石の『明暗』（筑摩書房）を取り出したが、とても読む気持ちになれず、パラパラめくっていると、最後のページの余白に姉が鉛筆で書いてくれていた文章が目に入った。

男子志を立てて郷関《きょうかん》を出《い》ず
学も若し成るなくんば復還《またかえ》らず
骨を埋《うず》むるに、何ぞ期せん墳墓《ふんぼ》の地
人間《じんかん》到る処《ところ》青山《せいざん》あり

（男子たる者、大志を抱いて故郷を出たからには、もし志が成就しない限り、郷里に帰るつもりはない。骨を埋めるのは故郷の墳墓の地とは限らない。人の世には到る所、墳墓とするにふさわしい、緑したたる場所があるではないか）

幕末の勤皇の僧、月性《げっしょう》の「将《まさ》に東遊《とうゆう》せんとして壁《へき》に題す」という漢詩である。子供ながら何となく意味はわかった。粛然《しゅくぜん》とした気持ちになって思わず衿《えり》を正した。

## みんなが寝静まってから本を読んだ

大阪の靴下問屋での生活はそれまでのものとは一変した。六畳一間に六人が寝起きし、一つの布団に三人が寝る。朝六時にたたき起こされ、戦争のような一日が始まり、終業時間は決まっておらず、仕事が終わるまで続いた。考える暇は全然なかった。愛媛の田舎者は愚鈍なので、何をしても罵声《ばせい》が飛び、殴られた。殴られる理由がわかっているだけに情けなく、自分の不甲斐なさに自信がなくなるばかりだった。

あまりにも辛いので、逃げ帰って高校に進学したかった。しかし帰るにも汽車賃がない。大阪で頑張るしかなかった。

そんなある夜、先輩に連れられて夜店に行くと、古本屋があった。その途端、山本先生に中国の古典を読めと言われていたことを思い出し、店に入った。

「おっちゃん、中国の古典という本はありまっか」

すると店のおやじは黙って指さした。『孫子《そんし》』と書いてある。

(何やと！『まごこ』だなんて馬鹿にしてやがる)

と思いながらも手に取ってみると、上下二段にわたって難しい字が並んでいる。これはとても歯が立たないと思ったが買って帰った。案の定、さっぱりわからない。それでも繰り返し三年も読めば意味がわかるだろうと、必死にかじりついた。越智少年は自分に言い聞かせた。

(同級生たちは高校に行って勉強しとる。おれは先生について学ぶことはできんから、独りで本で勉強するしかないんや)

みんなが寝静まってから、階段の裸電球の下で意味のわからない本にかじりついた。そんなところに先輩が小便に起きてきて、それに気がつき、

「丁稚のくせして本を読むなんて生意気だ」

と取り上げて破られた。でもまた買ってきて読んだ。〝教養をつけるための読書〟などする時間はなかった。自分の信念を培《つちか》うため、生きるため、すがりつくような、しかも寸暇を惜しんでやる読書だった。お盆になるとみんなは帰省したが、金がなくて田舎に帰れないので、これ幸いとばかり本を読んだ。

越智少年は愚鈍で要領が悪かったので、役立たずとレッテルを貼られ、工場に行ったり、倉庫の整理をしたりというような雑役夫のような仕事しかさせてもらえなかった。そのうち後輩が入ってきて、彼らは表の仕事も手伝うようになったが、越智少年は相変らず裏方の仕事ばかりで、惨めだった。

ところがそんなある日、一枚の写真を観た。貧しそうな外国人労働者が強い陽差しを避けるため頭から袋を被り、汚い格好をして綿花を摘みながらも、皺《しわ》だらけの顔で笑っているのだ。

（ぼくより惨めな仕事をしている人が採ってくれた綿花を使って仕事をしているぼくが、

こんなことでは申し訳ない。毒食わば皿までだ。よおし、こうなったら、ぼくは靴下で世界一になったる）

長いこと持っていた被害者意識がようやくふっ切れて、やっと前向きになった。

こうなると、寝ても覚めても靴下のことばかりだ。休みになると、百貨店や量販店などの靴下売り場に行って研究した。コップの図柄もヒントになり、走っている自動車を見ては流行色を推測した。すべてが靴下の柄《がら》に見えた。

## 志を培ってくれた読書

初めて集金に行かされたのは十六歳のときだった。集金先は堅気の商売をやっている人だけではなかった。時には限りなく黒に近いグレーの人もいた。そんなところに集金に行くと、ヤクザまがいの兄ちゃんが机にドスを突き立てて凄《すご》んだ。

「何や小僧、お前、金が欲しいのか、命がほしいのか、どっちや！」

これには越智少年もびびった。

「いえ、わては銭の方がよろしうおま」

「なんやと。そこに座れ！　こっちの金をくれてやる」

そう脅されると生きた心地がせず、階段を飛んで降りて逃げ帰った。しかし会社には海軍機関長あがりのもっと怖い番頭がいて、まくし立てた。

「ドスで脅されたぐらいで逃げ帰ってくるとは、貴様はそれでも日本男児か！　もう一度行って来い！」

事情はどうであれ、集金してこなければならない。また集金に行く。追い返される。それでもまた行く。そんなことが繰り返され、とうとう根負けして支払ってくれる。そんな集金をしているうちに、肝っ玉ができていった。

そんな時代を振り返って越智さんは言う。

「自分ではどうすることもできない、のっぴきならない事情があって、そこを乗り越えるために必死やった。いま考えてみると、ああやってわしの土性骨を培《つちか》ってくれたんですなあ。天は逃げ出すことができない状況を作って、わしを訓練してくださっていたんや」

そして驚いたことに、それら実地で学んでいったことが、古典には短い言葉で見事に表現されていた。例えば長州藩を率いて薩摩藩と連合し、ついに明治維新を成し遂げた木戸孝允《たかよし》は「勧学」と題してこう詠んでいた。

駑馬《どば》遅しと雖《いえど》も積載《せきさい》多ければ
高山大澤《こうざんだいたく》もまた過ぐるに堪えたり
請う看《こ》よ、一掬泉巌《いっきくせんがん》の水
流れて汪洋《おうよう》、万里の波と作《な》るを

（愚鈍な馬だとしてもたくさん積めるし、時間をかければ高い山を越え、大きな川も渡ることができる。よく見よ、わずかひと掬《すく》いの水でも、流れ流れて汪洋《おうよう》とした大海となり、万里の波となる）

あの明治維新の英傑木戸孝允が、越智さんにこう言っているような気がした。

「越智、ええか。人間はこうと決めたら志を投げ出したらあかん。諦めないで努力を続ければ、いつかは人並み以上の人生は送れるのだ」

これらは越智少年の心を奮い立たせた。例え現在は駑馬であろうと、あるいはひと掬《すく》いの水でしかないとしても、いずれは駿馬《しゅんめ》となり、大海となれるのだ！

越智少年はこの漢詩を丸暗記した。

「どんな状況でも決して逃げるな。その時々の困難を克服する中で、どんな人にもただ一回限りしか許されていない人生に挑んでいく貴重な姿勢が作られていくんだ」

木戸がそう叱責しているようだった。漢詩は少年の志をいよいよ堅くした。

それらは自分の人生を築き上げていく上でかけがえのない教訓となっただけではない。独立して従業員を持ち、取引先ができ、さらに後にフランチャイジーと一緒に仕事をするようになったとき、彼らと共に結束して堅固な城を築き上げていく際の強力な漆喰《しっくい》の役目を果たすようになっていった。

## 漢詩が持つ魅力

越智さんはとても漢詩に心が惹《ひ》かれる。時に現実の厚い壁の前に途方に暮れてたたずみ、気持ちが萎《な》えてしまいそうなとき、自分の気持ちを引き締めてくれ、奮い立たせてくれるからだ。

そして案の上、安岡先生が『漢詩読本』（福村出版）の中で次のように述べておられるのを知って、わが意を得たりとばかり膝を打った。

「理を明らかにする学問、道を悟る宗教、いずれも実は大きなむすびの作用なのであるが、詩はそれらのいずれとも亦《また》自ずから別趣《べっしゅ》の、人に尤《もっと》も親しい、純な、直接のむすび――救い、蘇生である」
（そうなんや。詩は自分の弱さに打ち勝ち、困難を克服するに至った人物に自分を結んでくれ、わしの魂を蘇生させてくれるんや！）

以後、ますます漢詩が好きになり、そらんじることができるほどに暗記した。もちろん教養を積むためなんかではない。自分自身を奮い立たせるためである。

話は余談だが、私は越智さんとは二十年来の付き合いがあるが、つくづく感心し、この人はただものではないと驚嘆することがある。それはこれら漢詩や聖賢の言葉を、誰それがああ言っていた、こう書いていたと、教養として読むのではなく、自分への直接の享受として真摯《しんし》に受け止めることだ。どんなことでも実学として活用しているのだ。

## 喧嘩別れの独立

男子に生まれた者は一生に一度は独立して企業を興《おこ》すことを夢見るものである。そのため通常は周到な計画を立て、資金を用意して、満を期して独立するものだ。

ところが越智さんの場合はそうではなかった。ある晩突然解雇され、独立せざるを得ない状況に追い込まれたのだ。運命というのは、時に人間の想定を超えたところに仕組まれていると考えさせられる。ことのいきさつはこうだ。

越智さんは十年の奉公が終わったら独立させてもらえるという約束だった。だから指折り数えて待ったが、十年を過ぎてもその話は出なかった。ところが十三年目を終わろうとする昭和四十二（一九六七）年の暮れ、越智さんが一番頼りにし、尊敬をしていた社長の弟さんが独立することになり、

「越智、お前もついて行け。ついてはその計画書をお前が書け」

という社長命令が出た。そこで越智さんは何度も計算し、ようやく二月、計画書ができあがったので、弟さんに会社近くの喫茶店でその計画書を説明した。するとそれを聞いていた弟さんは、

「お前も独立したい気持ちがあるんやな。いったい何年ぐらい一緒にやってくれるんか」

と聞いた。越智さんは社長の弟さんが社長の約束を覚えていてくれたのかと思い、嬉しくなって、

「はあ、もう奉公期間は終わっているし、五年ぐらい一緒に仕事をさせてもらい、その後独立できたらと思うてます」

と答えた。すると社長の弟さんは「ちょっと待っとれ」と言い残してあわてて出て行っ

たきり帰ってこない。財布を持っていなかった越智さんは呆気《あっけ》に取られてただ待つしかなかった。昼も過ぎ、ようやく二時過ぎになって、社長が血相を変えて飛び込んできて、

「お前は恩を仇で返す気か！」

と怒鳴った。五年で独立したいという願望が、五年で独立させろと伝わったのだ。いくら説明しても理解してもらえない。それどころか、

「お前は弟の会社を横取りするつもりやろ」

と疑いの眼を向けられた。辛抱に辛抱を重ねてきた丁稚《でっち》生活だが、そこまで腹黒く思われていると思うと悔しくて、ついに堪忍袋《かんにんぶくろ》の緒が切れた。

「そこまで言われるなら、今日限り辞めさせてもらいます」

「辞めてどうするんや」

「独立します」

「お前はアホとちゃうか？ 銭も無いのに独立できるか」

そう言われたので、思わず啖呵《たんか》を切った。

「靴下が食わせてくれると思います！」

それで決裂した。即刻首ということになり、社長にとっては厄介者《やっかいもの》だった二人も一緒に

連れて行けということになった。資金も計画も何もないのに、否応なしに突然独立することになった。二十八歳の早春のことだった。

当時のことを振り返り、越智さんは『老子』の言葉を引用して言う。

「『老子』が第二十二章で、『少なければ即ち得《え》、多ければ即ち惑う』と言うてまんな。わしゃあ靴下のことしか知らんかった。だから独立するのにどういう仕事が将来性が見込めるかなどと考えている余裕は無かった。わしに才能があれば、あれこれ選択に迷うただろうが、わしは靴下に賭けるしかなかった。そこで活路を開くしかなかったんや。幸か不幸か、それが良かった。

天はいろいろな形でわしらを遮二無二《しゃにむに》させられるもんだが、わしの場合、選択の余地がない形で奮起させられたのだと思う」

古典は人間の心理をよく見抜いている。その意味で人間学そのものなのだ。

## 想像を絶した苦難

結婚したばかりだった越智さんは、事務所に夫婦が一緒に住めるような家を探して、引っ越しした。新しい会社の社名は男らしいスマートさを意味するダンディから採ってダンと

した。創業の理念は、

「凡《およ》そ商品は売って喜び、買って喜ぶようにすべし。売って喜び、買って喜ばざるは意にかなわず」

と書いて玄関の二畳の壁に貼った。

しかし支払いに不安があるダンと取り引きしてくれる靴下工場などどこにもなかった。このままでは商いができないまま倒産してしまう。困り果てたが、友人の紹介で、ようやくある工場が二十日締めの月末払いの条件でならと引き受けてくれた。これではほとんど現金払いと変わらないが、それでもよしとするしかなかった。

商品を納める直前まで仕入れできない。売れた分だけ毎日仕入れるしかないから、その日の営業が終わってから注文品を集計し、工場に仕入れに行ったから、仕入れから帰ってくるのは夜中の三時、四時、それから値付けにかかる。特注品はお店が開く前に届けなければならないから、ほとんど寝る時間はなかった。生きるためには寝不足など問題ではなかった。

そんな日、扱った商品にリンクス機で織ったハイソックスがあった。

「あの商品は素晴らしい。仕事も丁寧《ていねい》だ。ぜひ織り手と会ってみたい」

と思い、奈良県広陵《こうりょう》町古寺に住む堀内正弘さんを訪ねて行った。社長の堀内さんと奥さんとパート一人だけの小さな工場だった。

越智さんは気に入っているハイソックスを示し、

「これにもう少し風合いがあれば、いい靴下になるんやが……」

と話した。すると堀内さんは正座し、作業ズボンで手を拭い、汚れや脂《あぶら》が取れたことを確認して、宝物を押し頂くように両手で押し頂き、目を皿のようにして商品を隅々まで点検し出した。

越智さんはその真剣さに驚き、全身に緊張感が走った。「この男、只者《ただもの》ではない！」と思い、思わず正座し直した。

息詰まるような沈黙の時間が過ぎ、靴下をコタツ板の上に置くと、口角泡を飛ばして持論を話し出した。越智さんも負けてはいない。自分の持論と夢を語り、時間が経つのも忘れてしまった。

これが契機になって、越智さんが元々目指していたように、すでに製品になっているものを売るだけではなく、独自に企画しニットメーカーに編んでもらい販売するという独自企画の比率を増やしていった。しかしまだ信用がなく、注文量も少ないので、思うように動いてくれない。そこで自ら糸を調達し持ち込んで編んでもらうのだが、工場がダンの企画商品を生産するのは編み機が空いているときなので、商機を逸してしまいやすい。そんなこんなで資金繰りは苦しくなる一方だった。

## 専門店への道を開いた「女性専科」

あるとき、ある量販店の仕入れ担当者と商談を進めていると、

「お宅は品質はいいが、値段が高すぎるからなあ」

と渋った。そこで越智さんは、

「あんたは何を持って高い安いと判断しているんでっか。わてんとこの商品は回転率が高く、残品がない分、結局は安くつきます。売れないので見切って廉価で売らざるを得なくなる商品は、結局は高くつきますやろ。ダンの商品は売れ残りが少ないんです」

と断言した。すると、

「お宅はそこまで自信を持っていなはるのか」

と驚き、ある店舗で実験的に売ってくれることになった。ところがその店舗での販売実

績が良かったので、取り扱い店舗が増えていった。

しかし越智さんは満足できなかった。寝ても覚めてもただ靴下のことだけを考えている越智さんのアンテナに引っかかるものがあった。配達の途中、当時台頭しつつあった女性服専門店の「女性専科」に若い女性が群がっているのを見かけ、直観的に閃《ひらめ》いた。

「こういう店で売ってもらえたらいいなあ。いい商品を売るにはそれだけの舞台が必要だ。市川團十郎《だんじゅうろう》も小屋掛けでは値打ちが下がる。やはり歌舞伎座という舞台が必要だ。それを安売り量販店に期待するのは無理だ。お客様が憧《あこが》れの気持ちを抱いて来てくれるような専門店でなければ、ブランドにはならない。これからは専門店の時代だ。思い切って専門店に販路を開こう」

越智さんは営業マンにその意を伝え、自ら専門店攻略にかかった。「女性専科」のトップは銀座の「三愛」、大阪でダントツの人気があったのが「玉屋」だ。頂上作戦が功を奏して、商品が並べられるようになった。越智さんはフォローに万全の態勢を敷き、週二回は商品補給を怠らないようにしたので、瞬く間にトップの販売実績を上げるようになった。

## 新しい注文方法を考案

そこへ高知県で女性服専門店を展開しているエルセ社の徳弘《とくひろ》英一社長が取り引きしたいと訪ねてきた。これで高知まで販路が広がるぞと、越智さんは飛び上るほど嬉しかったが、ネックは商品供給をどうするかだ。商品補充に高知まで出向くには交通費がかかり過ぎる。そんな実情を率直に話しすると、今回は現金で買うし、これからも毎月仕入れに来るという。越智さんが慌《あわ》てて、

「いや、靴下は売れ筋商品の補充が命なんです」

と答えると、

「じゃあ、毎月でも仕入れに来ます」

「月に一回ぐらいの補充では間に合わんがな」

「品物が切れたら店長に注文させますよ」

「複雑で多品種にわたる靴下の注文はいかに優秀な店長でもできしまへん」

「………」

押し問答の末、越智さんはとうとう断った。徳弘社長は開いた口が閉まらない。唖然《あぜん》と

して、

「私は随分長い間商売をやってきたが、現金取り引きを断った問屋は初めてだ。越智社長、あんたが気のすむ商品補充の方法を考えてくれ」

と言い残して帰って行った。それから越智さんはどうしたら商品の補充をすることができるか、考えに考えた。そしてある日、パンの注文票を見て閃いた。毎週一回日を決めて商品番号とカラー番号の在庫を報告してもらえば簡単にすむではないか！

早速その注文票を徳弘社長に送ると、社長は絶句し、

「越智社長、あんたはあれからずっと考え続け、この発注方法に思い至ったんですか。見上げたもんですな。気に入った。私の傘下の全店でお宅の靴下を扱うから全商品三セットずつ送ってください」

この注文方法は話題を呼び、全国から取り引きの申し込みが相次ぎ、百二十七店舗と取り引きが始まった。ダンが後に開発し、飛躍的な成長のきっかけとなるＰＯＳ（販売時点情報）に連動させた画期的発注システムの雛型《ひながた》である。このヒットに越智さんは有頂天になった。

## 好事、魔多し

ところがその年（昭和五十年）八月、納品先の量販店から代金の一部しか入金されなかった。おかしいと思って問い合わせて見ると、

「納品された分はちゃんと支払っている。どうしてそうなったか調べて見るが、結果はお盆明けまで待ってほしい」

といぶかしがっている。

越智さんは窮地に立たされてしまった。未集金の千三百万円がなければ、たちまち行き詰ってしまう。そんな多額の金を借りられるところはない。窮地に追い込まれた越智さんは寝屋川《ねやがわ》市に住む兄のところに相談に行くと、兄は勤務先の大宮産業の鈴鹿庄太郎社長のところに連れて行った。鈴鹿社長は越智さんと同じ愛媛県出身者で、タンスを商う大宮産業の経営者として大成功している有名な人である。

越智さんは事の次第を説明し、来月の振り込み日まで貸してくれるよう頼み、鈴鹿社長がＯＫしてくれたので、何とか虎口を脱することができた。

お盆があけて件《くだん》の担当者が出社したので、説明を求めたところ、見る見るうちに顔色

が変わり、納品先の検収者の目を盗んで勝手に判を押し、その商品は他の店に売って、遊興費に当てたと白状した。越智さんは鈴鹿社長に返済する目途が立たなくなったので真っ青になり、鈴鹿社長のところにすっ飛んで行って事の顛末《てんまつ》を説明した。

不機嫌な顔をして聴いていた鈴鹿社長は、越智さんが問題を起こした担当者を平野警察署に突き出したと話をすると、

「それでお前はその社員を何年刑務所に入れたら気がすむんか」

と訊かれた。

「何年の刑になるかわかかわからへんけど、二、三年は臭い飯を……」

と答えかけると、形相を変えて越智さんを怒鳴った。

「おいこら、盗人《ぬすっと》製造会社の社長！　己れの非は棚に上げといて、社員を警察に突き出し、二、三年は監獄に放り込みたいとは、どの面さげて言うとるんじゃ。お前が二、三十年監獄に入って謹慎したら、その社員のような被害者は出なくなるやろから、お前が入るべきじゃ！」

越智さんが絶句すると、鈴鹿社長は畳み込むように言った。

「その社員は最初から泥棒だったんか！　お前の教育よろしく、泥棒になったんじゃやな

いんか。それでもお前は社長か。このアホんだら」

身も蓋《ふた》もない罵詈雑言《ばりぞうごん》にうなだれていると、

「お前はその社員に謝れ。『お前をこんなふうにしてしもうてわしが申し訳なかった』と謝ったら、返済は待ってやる」

と叱責された。あまりのことに何と返事していいかわからず黙っていると、社長は何度も「謝れ」と迫った。とうとう仕方がなくなって、「やってみます」と答えると、社長は上機嫌になり、笑い顔で諄々《じゅんじゅん》と諭した。

## 何があっても社長の責任だ！

「越智、いいか。社長ちゅうのは今のお前のような者じゃないぞ。箸《はし》が転んでも社長の責任じゃ。経営ちゅうのはその覚悟があって初めて務まるんじゃや。取引先のせいじゃない。従業員のせいでもない。全部自分なんじゃや。今度のことはお前にそれを教えてくれたんや」

翌日、腹を決めて出社した越智さんは、その社員に会うと、謝るどころか、思いっきり殴り、「首だ！」と怒鳴ってしまった。

その夜、再び鈴鹿社長を訪ね、その日、行なってしまったことを正直に話し、謝るどこ

ろか殴ってしまったとお詫びすると、叱るどころか、

「それでいい、越智。もう忘れてしまえ。死んだ子の歳を数えるようなことはすな。ええか、しっかり頑張るんだぞ」

と励まされた。この事件で鈴鹿社長は、社長というものはどういうものか、千万言費やしても説明できないものを示してくれた。以来、鈴鹿社長は越智さんにとって、神とも仏ともいえる存在になっていった。

越智さんは当時を振り返って言う。

「古語に『利によって行なえば恨《うら》み多し』とありますなあ。利益での結びつきてものは、それに反した場合、簡単に恨み辛《つら》みに変わってしまうと言ってます。わしはこの言葉を頭では知ってました。

でも何を言おうとしているか、まるでわかっていなかったんです。わしと社員との結びつきは所詮《しょせん》この程度のものでしかなかったんです。『論語読みの論語知らず』とはわしのことだったんや。わしはこの事件で猛烈に反省しました」

越智さんという人はどこまでも体で本を読む人である。その都度の出来事を通して、古典から得た知識が体に染み込み、会社組織を有機的な生きた組織にしていった。

## 倒産の憂き目に遭って

三愛や玉屋などの女性専科に進出したことから営業が好転したので、越智さんは商品の増産と靴下点数の増加に取り組み出した。

しかし、信用も資金もない状態での増産は自殺行為に等しい。納期が大幅に遅れる工場にペナルティを課すことができず、ひたすら急いでほしいと頼むしかなかった。そんなことで商機を逸することが多く、借金は雪だるま式に大きくなっていき、創業五年目の昭和四十八（一九七三）年には七千万円という途方もない額に膨らんでしまった。

それでも明後日には、五百三十万円の手形を落とさなければならない。しかし十万円の借金さえ頼める先は無くなり、途方に暮れた。

何よりも悲しかったのは、お金を貸してくれる仲だった人たちが、オセロゲームのようにひっくり返り、一斉に知らん顔したことだった。

昔、何回か債権者集会に出て、修羅場を見たことがあった。債権者が倒産者をぐるりと取り囲み、床に正座してわびる倒産者に四方八方から罵《ば》詈《り》雑《ぞう》言《ごん》が飛び、中には蹴《け》飛ばす債権者もいて、倒産者は何をされても姿勢をただし、ただひたすら謝っている光景が浮かんできた。

落胆した越智さんは気力を失い、倒産する覚悟を決めた。出店しているスーパーヤマトの藤原敏夫社長にその旨を話すと、「借金総額はいくらだ」と聞かれた。「七千万円あまりです」と答えると、

「何やて、お前みたいな何もない男が七千万円も借金しているのか。お前、やり手やなあ。おれはこの店を建てるのに、三億円集めなければならず、えらい苦労したぞ。越智君、おれはお前を見直した」

と驚かれた。当時、藤原社長は衣料スーパーだったニチイに食品売り場を持ち込んで大成功した、関西では名うての経営者だったので、その一言で越智さんは目覚めた。

（そうだ、わしは駄目な経営者ではなく、藤原社長も驚く「やり手」なのだ。これしきのことに挫けてたまるか！）

すっかり自信を取り戻した越智さんは、狂ったように金策に走り回り、とうとう手形を決済することができた。

この経験は大きかった。このとき窮地に陥ったのは、

「売れるものを売れるだけ作る。売れないものは作らない」

というシステムを構築していなかったからだ。頭ではその原則はよくわかっているものの、どうしたらそれが構築できるか、それに向けて越智さんは寝ても覚めてもという状態になっていく。

昔、北法相宗《きたほっそう》・清水寺元貫主の大西良慶《りょうけい》老師が観音経を解釈してこう述べていたことを思い出した。

「観音様は人間が困ったとき、三十三の姿に変身して、人間を助けに来てくれる。それもみんなが想像するような金ピカの姿ではなく、あるときは父母、あるときは友達の姿をしてね」

まったくその通りだ。苦境に陥ったようであったが、それは商売の基本に立ち返るための導きだったのだ。越智さんはこの年を「経営開眼元年」とした。

それから数年後、会社がすっかり立ち直り、方々への借金の返済も終わったので、大宮タンス店の鈴鹿社長を訪ねた。金利はいいいと言ってくれていたが、世間並みの金利は払わなくては申し訳ないと思ったのだ。

しかし、鈴鹿社長は頑として受け取らないどころか、越智さんを説教した。

「越智、そのええ格好しいが会社の危機を招いたんぞ。それにまだ気づかんのか!」

天から雷が落ちるようだ。

（いい気になっちゃあかん。これからが勝負だぞ）

と諭してくれているような気がした。お礼の言葉を言い、帰ろうとした越智さんに鈴鹿社長は静かに言った。

「世の中は回り持ちじゃ。わしに金利を払おうと思う気持ちがあるんなら、お前のように困っている人があったら、わしやと思うて助けてやれや」

ショックだった。

世の中にはこんな人もおるんか！　わしは偉い人に助けられた……。

暗い夜道をたどりながら、越智さんは流れる涙をどうすることもできなかった。

「わしは毎年一月十日、鈴鹿社長のお宅に新年の挨拶に行くのやが、いつも会うなり涙がこぼれま。前年の事業の進展を報告するんやが、いつも一言、『よかったねや』と言うてくれます。人間、こういう人を持つべきです。わしはただただ教えられました」

越智さんにとって守護神のような存在だった鈴鹿社長は、享年八十五歳で鬼籍に入った。

## 靴下の専門店「靴下屋」のオープン

昭和四十七、四十八年ごろには一流と呼ばれる全国の女性専科にはダンの商品が並ぶようになっていたが、靴下はまだ雑貨扱いでしかなかった。だから靴下売り場には担当者を付けておらず、商品知識がないパートやアルバイトが配置されていた。越智さんはそれが不満で、専門の担当者を置いてくれと頼んでも、予算の関係で無理だと断られていた。

ところがデベロッパーになった神戸の三愛三宮店にダン直営の専門店「DOS」を出店し、販売員を特訓して靴下の専門員にしたところ、爆発的に売れた。そこで三愛新宿店をオープンしたが、坪効率でトップの売れ行きを示した。

「ひょっとするとこれは靴下専門店が人々の支持をいただけるということじゃないのか!」

と思った越智さんは、専門店づくりに着手した。そして昭和五十九(一九八四)年、福岡県久留米市で洋服の誂《あつら》えをやっている渕上憲志郎《ふちがみけんしろう》さんがオーナーとなって「靴下屋」第一号店がオープンした。そして二号店、三号店と相次ぎ、お客様のニーズがそこにあったことが判明した。

新規店の販売員となる人たちは三泊四日で研修を行ない、企業理念を同じくした同志的結合による「靴下屋」を作り上げていこうという思い入れから、その内の二日間は越智さんの自宅に招いて研修を行なった。靴下そのものについての研修はすでに会社で終わっているので、越智さんはもっぱら人生論に終始した。ただ単に靴下を売るだけではなく、それぞれの人生にすぐれて取り組んで欲しいと思うからである。

「あんたらにとって、誕生日ってどんな日や?」

と越智さんが尋ねると、「人生が始まった日」などと思い思いの答えが返ってくる。そこで越智さんは、『父母《ぶも》恩重経《おんじゅうきょう》』の一節「諸人よ、思い知れかし。己が身の誕生の日は我が母の苦難の日なり」を引用して、「父母に生み育てていただいたお蔭で今があるんや」と説いた。

「感謝の原点は親にあるな。そやろ。

その親に感謝できんと、幸せな人生など送れるわけはないよな。

昔、赤貧洗うがごとき状態のとき、友人に土下座して借金を頼んだことがあった。事情を聞いて友人は黙ってお金を貸してくれた。ありがたかったなあ。これで月末を越すことができる。それを握りしめて工場を出ようとすると、奥さんがちょっと待ってと言って奥へ走りこみ、リンゴを持ってきてそっと渡してくれた。

何日もろくに食べてなかったので、腹がすいとった。アパートに帰ると、貰ったリンゴの皮もむかずにかじり付いた。すると友人と奥さんのやさしさが身にしみて、むせび泣いた。古歌にあるやろ。

月影の至らぬ里はなけれども
　眺むる人の心にぞ住む

月の光はあまねく万人を照らしているけれども、その月の光は見る人しか気がつかん、と。禅語に『百花、誰がために咲く』とある。どの花も自分のために咲いてくれとるのに、心の貧しい人はそのことに気づかす、いろいろ不足に思うとる。そうじゃないんだ。自分の目から鱗《うろこ》が落ちると、人々のやさしさが見えてくるんや」

それは越智さんの実感だったから、みんなの中に染みこんで行き、講話は深夜に及ぶことも珍しくなかった。

平成二十一（二〇〇九）年、越智さんは自分の心魂を練ってきた漢詩五十を撰んで、『男

児志を立つ　実践漢詩五十撰』（致知出版社）を出版した。その中の幾つかはこの販売員研修でも語っていたものである。

「明の大儒で、後に陽明学派を打ち立てた王陽明はこんな詩を書いとる。

四十余年、睡夢《すいむ》の中《うち》
而今醒眼《じこんせいがん》、始めて朦朧《もうろう》
知らず日已《すで》に亭午《ていご》を過ぐるを
起《た》って高楼に向《すす》みて暁鐘《ぎょうしょう》を撞《つ》く

（四十数年、ただ酔夢の中にあった。今ようやく眠りから醒めたが、まだ意識は朦朧としている。日はすでに正午を過ぎてはいるが、起って高楼に登り、遅まきながら暁の鐘を撞こう）

実際言ってこれはわしの心境や。あっという間に四十数年経ってしもうた。光陰矢のごとし、というがほんまや。

悪戦苦闘の連続だった創業期をなんとか突破し、商売が順調に行きだすと、友人の経営者たちがやれ飲み会やゴルフやと誘いにくるようになった。でもわしはこの暁鐘の鐘の音が耳朶《じだ》に響いて、とても遊ぶ気にはなれんかった。

あるとき、友人の会社を訪ねると、奥様と二人でゴルフの練習場に行っているという。通された応接間は立派に改造され、棚の上には新品のゴルフ靴が置いてあった。ゴルフに狂っていたんやな。わしは紙とペンを借り、

『呑舟《どんしゅう》の魚は支流で遊ばず』

（舟を呑むほどの大きな魚は小川では遊ばない）

と書き、壁に貼って帰った。彼とは無二の親友で、靴下のことになると時間も経つのも忘れて話したものだった。その彼も後には廃業に追い込まれてしもうたよ。

人間、いい気になったらあかん。いつも初心に戻らんとなあ」

こうした生きた人生哲学が語られる販売員研修は評判になり、

「先輩から聞いていて、楽しみにしていました」

と、みんな販売員研修を心待ちにするようになっていった。

## 念願の流通システムの構築

店舗数が六十店を超えた昭和六十二（一九八七）年、これをＦＣ（フランチャイズチェーン）にし、本社近くに五百坪ある物流センターを整備し、万全の体制を敷いた。しかし、当時は発注から納品まで超特急で二十日間、下手すれば一か月間かかった。見込みで染めれば残糸の山の山になり、儲けは吹き飛んでしまう。納期に二十日間もかかっていれば、商機を失ってしまう。なんとか納期を短縮できないか……。また越智さんの模索が続いた。

そしてある日、風呂に入って湯船に浸かった瞬間、解決策が浮かんだ。風呂から飛び出した越智さんは、紙とペンで一気にシステムを完成させた。ＰＯＳ（販売時点情報管理）で得た情報を即刻糸商社、染め工場、ニッター（編み屋）などに流して、連動する戦闘集団を作り上げれば、遅くても一週間で納品が可能になるのだ。

それまでコンピュータは経理や財務管理に使うのが常識だったが、越智さんはこれを、返送されたカードのデータを打ち込むと、自動的に出荷指図書が出る営業型に変えたのだ。

越智さんは各業者を説得して回った。しかし、みんな一国一城の主である。人の指図など受けたくないと拒否したが、越智さんは辛抱強く説いた。

「今はそんな時代やおまへん。韓国、台湾から安い靴下が流入し、国内の業者は追いまくられてます。ここは垣根をとっぱらって大同団結し、手を組もうじゃありませんか。このシステムは工場で働く人々が店頭と同じ呼吸をすることができるシステムや。これで企画・開発から製造・流通・販売に至るまで一括して取り扱うことができるや。どうです、一緒に組んでやりまへんか」

根気強い説得が続けられて、とうとう四十社ほどが団結することになった。倒産寸前まで行って教えられた「売れる商品を売れるだけ作り、残品が出にくい体制」ができあがった。これがダングループのサプライチェーンマネジメント（SCM）と呼ばれるもので、通産省（現・経済産業省）の山本繊維製品課長が取材に来て取り上げたり、ダイヤモンド社の『コンシューマーレスポンス（CR）革命』が報じたことから、ダンが日本のCR先進企業として知られるようになり、取材や視察が急増した。それは海外にまで及び、ハーバードビジネススクールもケーススタディで取り上げるべく、この最先端を行くSCMの研究にやって来た。そんなこともあって、越智さんは自信を持って言う。

「わしは丁稚時代から靴下を作り続けて、これを完成させるまで三十七年間かかってもうた。その間、生産数量と販売数量が一致したことなど一度もなかった。余るか、足りないかのどっちかやった。生産数量をあらかじめ決めて発注するのは業界の常識だし、欠品も残品も当然のこととして処理されていた。

でもなあ、お客様がせっかく『靴下屋』まで足を運んでくださったのに、欲しい商品がなかったでは申し訳ない。だからお客様が必要とされる商品をどこよりも早く生産してお届けするにはどうしたらいいのかと考え続けた。その結果がこのSCMなんや」

ある意味ではSCMは、越智さんの人生の結晶ということができる。

「わしはこれを、サムライチェーンマネジメントと呼んでます。お客様のニーズに合わせて商品を作りたいという虚仮《こけ》の一念がこれを構築させたんや。

『孫子』は『卒然《そつぜん》とは常山の蛇《じゃ》なり。その首を撃《う》てば、尾至り、その尾を撃てば首至り、その中を撃てば首尾ともに至る』と言うてまんな。打てば響くような生きた組織を作り上げることがわしの長年の夢だったんや」

こうしてダングループの象徴となった靴下屋は駅ビルやショッピングセンターなどに出店を続け、ショッピングセンターの集客には欠かせない店舗となっていく。

ダンのSCMの視察や講演が相次ぎ、越智さんは説明に追われた。しかし、質問がシステムのことに集中するので、とうとう堪忍袋の緒が切れた。

「あんたがたは商品の供給システムのことばっかり訊《き》くけど、このシステムをフル稼働させているのはダンの靴下がお客様に支持されているからでっせ。それを見落として、システムばかりをほめるのは失礼と違いまっか。漫才師でも漫才をほめられんと、衣装ばっかりほめられたら怒りまっせ」

その通りで、イチローを研究するのに、イチローの打撃の研究をせずに、イチローが使っているバットの研究をするようなものだ。

越智さんと各靴下屋の経営者たちとの絆《きずな》の深さを物語るエピソードがある。

靴下屋一号店を開き、その後の靴下屋ブームに火をつけることになった久留米店が五周年を迎えたとき、越智さんはお祝いに駆けつけた。あいにくの大雨の中、お祝いの花束を抱きかかえて商店街を歩いていると、すれ違う人が全員「靴下屋」のお客様に見えてきて、心の中で合掌した。その雑踏の中で経営者の渕上《ふちがみ》さんが越智さんを見つけると、走り寄って来て抱きついた。感無量だったのだ。越智さんも、

「ありがとう。ありがとう」

と繰り返し、涙が止まらなかった。

渕上さんの案内で店にたどり着いたものの、涙で霞《かす》んでしまいよく見えない。店内に入

ると、奥様が二階から転がり降りてきて、またまた手を取り合って泣いた。それほどの同志的結合だったのだ。越智さんはそのときの感慨を、五周年を祝う「靴下屋ニュース」にこう書いている。

「ああ、靴下、ああ人生。何よりも走馬灯のように過ぎ去った。

ああ五年、ありがとう。今生《こんじょう》の命、一切靴下に捧げる」

## 物流体制の整備

ダンが成長するにつれ、物流体制が追いつかなくなった。大阪市平野区出戸に本社を移したのは昭和六十一（一九八六）年で、本社が百坪、倉庫が百五十坪あったが、これもじきに手狭になった。そこで五百坪の物流センターを建て、喜んだのも束の間、これでも追いつかなくなった。物流センターが広くなった分、慣れない新人のパートタイマーが発注書を持って商品を探すのに手間取り、一日の出荷量があまり増えない。繁忙期には営業マンも出荷を手伝わなければ間に合わない。残業で遅くなった上に、帰社してから出荷を手伝わなければならず、目の回るような忙しさだ。

そこで越智さんは靴下製造の拠点である奈良県広陵《こうりょう》町に三千坪の土地を得て、デジタル・ピッキング出荷システムを導入し、新たな物流センターを建てた。ここには靴下の堅牢度試験や摩擦試験などを行なう商品研究所も併設して、協同組合靴下屋共栄会（ＣＳＭ）とした。これによって当面の需用に応対できる店頭支援体制が確立した。

物流センターがたびたび引越しするので、取引先が、

「なんやダンは引越し屋のようでんな」

と揶揄《やゆ》すると、越智さんは頭を掻いてお詫びし、

「でもなあ、ダンは引越しが趣味なのではおまへん。脱皮しとるんや。脱皮は成長の証しでっせ。海老は毎年脱皮して大きゅうなっとるでしょうが」

と答える。

フランチャイズチェーン（ＦＣ）本部は店頭に対するバックアップ体制が万全であるかどうかが鍵だ。ダンはようやく体制を整えて、新たな成長段階に入った。

## 商人のプライド

そんなある日、越智さんは経営者を対象とした講演会に呼ばれて行った。二千名もの人々が集っている。今をときめくＳＣＭ（サプライ・チェーン・マネジメント）の最先端を行く

システムを作りあげた経営者の話が聴けるというので、経営者たちは固唾《かたず》を呑んで聴いている。越智さんは社交辞令やきれいごとを言わず、しょっぱなからガツンとかました。

「安価な生産コストを求めて生産が海外に流れ、価格破壊という美名の下、商品破壊すら起こっている現実に、あんたらは商人として心が痛みませんか。自分が売っている商品の研究はせんと、中国から輸入すればいくらで仕入れられるから、しめていくらの儲けになるなどと、利益の計算ばっかりしているんと違いまっか。どうしたらお客様の要望に応えられるかと、夜も寝ずに工夫することを忘れて、利益のことばっかり考えていたら、商品は売れなくなり、こんな体たらくになってしまうんと違いまっか」

本音でしゃべる越智さんの、品質改良にかけた情熱に触れ、聴衆は商売の原点を正され、ハッとさせられる。

「わしが開発したSCMは店頭の要望にいつでも即日対応できるようにしようと努力した結果なんや。中学しか出とらん丁稚あがりのわしでも開発できたんやから、聡明なあんたがたにできんはずはない。情熱がちょっとおかしな方向に向かっていただけのことやと思います。

わしは商売のことでは二宮尊徳翁《そんとくおう》にようけ教わってます。尊徳翁は『およそ商品は売って喜び、買って喜ぶようにすべし。売って喜び、買って喜ばざるは道に叶わず』と言うてまんな。これこそは商売の原点で、これを達成しようと誠心誠意努力したら、お客様はかならず共感してくださる。だからわしはこれをタビオの創業の理念とし、職場の朝礼で毎日唱和していますんや」

そして「不易流行《ふえきりゅうこう》」の原理を強調した。

「商売には変えていいものと変えていけないものがある。尊徳翁が説いているのはそこのところで、そこから商人のプライドが生まれてきます。プライドを失った者からは凛《りん》としたものが消えてしまいます。誇りを失った人間は下品になります。利益だけを追求したらあかんというのはその意味でもあるんです」

タビオの徹底した品質追究を示すこんなエピソードがある。平成十九（二〇〇七）年、本社に一通のメールが届いた。

「以前と比べて、最近のものはすぐよたってしまう。質が悪くなっているのではないでしょうか」

この内容を部下から聞かされた越智さんは震え上がった。すぐさま該当する製品を調べ出し、検査機関に回して調べると、確かに摩耗《まもう》のスピードが以前よりも速い。

これはどうしたことか！

いろいろ調べていくと、ある糸商社が、使用量の最も多い黒糸の染めを、勝手に中国で行なっていることが判明した。通常であれば一二〇度で染めるところを二〇〇度で一気に染めている。これでは糸に負担がかかり、弱くなってしまうのは当然だ。即座に糸商社に改善するよう指示し、その上、六億円かけて自社の検査・研究棟を拡充し、全製品を定期的に抜き打ち検査するようにした。これまでは新商品だけ検査していたのである。

「そこまでやるのか！」

と驚嘆するばかりだが、だからこそ、タビオの靴下はお客様の信頼を勝ち得てきたのだ。タビオの社風が凜としているのも、そういうクレームに対処する真剣な姿勢から来る。社風といえば、タビオのホームページに掲載されている社員募集のキャッチコピーはその社風を反映していて面白い。

（ただ息しているだけの人ではなく）「活きている人を求めます」

まさにそのとおりで、越智さんが作り上げようとしているのは打てば響く活きた組織で、こうして見事に靴下業界の雄になっていった。

## 業界初の上場達成！

越智さんが上場を考え始めたのは、平成四（一九九二）年頃からである。日本全国の主要都市に「靴下屋」がほぼ出店でき、洋服や雑貨の付属品的商品でしかなかった靴下が、単独店としても経営が成り立つことを立証した。いわば靴下業界が流通業界に市民権を得られ、産業として認められたことを意味する。

越智さんは上場を勧める証券マンの話を聞きながら、

「上場を果たせば、靴下業界が産業として認められる早道になるのではないか」

という考えに傾いていった。それまで靴下業界で上場している会社は一社もなかったのだ。

しかし上場はいいことばかりではない。経営が振るわなくなれば、投資家は創業者であろうとなかろうと経営能力無しと判断し、即刻その責任を取らせて解任してしまう。クライスラーの創業者は、最後掃除夫として終わったらしいという嘘のような本当の話があるくらいだ。

越智さんには、履き心地がよくて、見た目にも美しい手かがりの靴下を提供したいという夢があった。それを自動化する機械を開発すべく、経済産業省から助成金を得て、ほぼ完成の目途が立っていた。この機械を設置して自社直営の工場を持ちたいのだが、設備投資するためには莫大な資金がいる。上場すればその資金が調達できる。その夢の実現に向けて動き出した。

平成十二（二〇〇〇）年十月六日、越智さんは大阪証券取引所第二部に上場した。公募価格四百円、六十万株の売り出しに対し、百二十万株近い買い注文が殺到していることが、株式掲示板に表示されている。タビオの株は人気が沸騰し、まだまだ上昇するので、急遽《きゅうきょ》冷やし株を出してくれ！　と要請される仕末で、結局初値は九百六十円で引けた。証券取引所から、

「バブル崩壊以後、こんな上場は久しぶりです。華々しいデビュー、おめでとうございます」

と祝福されるまで、生きた心地がしなかった。

あわただしい一日が終わり、奈良の家に帰宅したのは深夜だった。越智さんは玄関からまっすぐ二階の自室に入ると、電気もつけず、崩れるようにイスに倒れ込み、眼下に広がる奈良盆地の家々の明かりを見やった。走馬灯のように、人生の折々のことが思いだされ

た。

（中学校の卒業式にも出られないまま、十五歳で丁稚奉公が始まった。田舎出の中卒では通用しないと自覚させられるのに必要な時間は数日で十分だった。愚鈍だったので、「お前はアホか」と怒鳴られてばかりだった。みんなが叱られるとき、なぜか一番前にいるので、標的にされて殴られた。要領が悪いので、丁稚仲間からいつしか防波堤とあだ名された。誰もかばってはくれない。泣いても蔑《さげす》みの目で見られるだけだった。

丁稚生活三年目に初めて田舎に帰ったとき、「ただいま」と挨拶したら、父が亡くなった後、家長になっていた長兄から、

「どこに来てただいまと言うとるんじゃ。ここはわしの家じゃ」

と怒鳴られ、天地がひっくり返るほどショックを受けた。

それでも丁稚生活は辛く、その後も二度、三度と逃げ帰ったが、その度に長兄から厳しく叱られた。べそをかいて寝ていると、横に母が自分の布団を敷いて、暗闇の中で布団を軽くトントン叩きながら、慰めてくれた。

だからこそ、「末ついに海となるべく山水も、しばし木の葉の下潜《くぐ》るらん」とか、「器には収まりながら、巌《いわ》をも砕《くだ》くは水の力なりけり」と自分に言い聞かせ、自分を発憤させる

ことができた。）

月明かりの中で、越智さんの回想は続いた。

（音が聞こえなくなり、音楽家として致命傷である聴力を失ったベートーベンが、「勇気を出せ。たとえわが肉体はいかに弱まろうとも、わが魂はこれに打ち勝たなければならぬ。二十五歳、そうだ二十五歳になったのだ！」

と自分を奮い立たせた雄叫びを知ったのは、二十歳のときだった。

二十九歳のとき、勤めていた会社を首になるような形で、突然独立する破目になった。手持ち資金はわずか十三万円。悲嘆に暮れる暇はなかった。食べていくのに必死だった。何度も倒産の憂き目に遭い、その都度助けてくださる人があり、何とかしのいでここまでやってきた。自分の努力というより、〝大いなる存在〟が自分を後押ししてくれているとしか思えなかった――）

奥さんの麗子《れいこ》さんがコーヒーを淹れて持ってきてくれた。気遣いながらそっと、

「どうだったの？」

と尋ねる声が涙声になっている。それを聞いた途端、こみ上げてくるものがあった。

「お前には苦労の掛けどおしやったなあ。ありがとう、本当にありがとう」

と言おうとしたが、言葉にならない。涙で潤んだ眼を見せたくないので、窓外には月明かりに照らされて奈良盆地が広がっていた。

「戦いはこれからや！　面白いのぅ」

とだけつぶやいた。秋の虫がすだく音はますますかまびすしかった。

## 完全燃焼した人生を導いた安岡先生

業界初の上場を成し遂げるという快挙を果たした越智さんは、自分の人生を振り返ってみて、さまざまな人に助けられ、導かれていることに気づく。逆境の中で人生を出発したのだが、自分の気概を形成してくれたのは、『男児志を立つ　実践漢詩五十撰』（致知出版社）にも書いたように、数々の古典だった。同級生たちはみんな高校で勉強していると思って、寝る間も惜しんで古典を読みふけったのが習い性になって、書物を読んで自分の心魂を練った。中でも安岡先生の本は越智さんの指針となった。

「わしが安岡先生の本にめぐり合うたんは、比較的新しく、四十代の前半やったと思う。梅田の旭屋書店で『運命を開く』（プレジデント社）を買い求め、読んでみて、己れの人生に対してこれほど覚悟を決めている人がいたのかとおったまげた。その深い洞察を学ぶべく、それからの五年間余りは他の本は一切読まず、安岡先生の本だけを追い求めた。書店や関西師友協会で手に入る本がなくなると、古本屋を探しまわり、家に持って帰って、風呂で腰湯に浸かって読んだ。フタは半分して、タオルの上に本を置いて、声を出して読むんや。昔、寺子屋で子どもたちが四書五経を音読していたように、わしも声を張り上げて読んだ。すると声が反響して、自分に言い聞かせているように感じるんや。安岡先生はわしの古典の家庭教師のような存在や」

私が安岡先生の著書のどこに惹かれたんですかと訊《き》くと、越智さんは、知っていることを訊《たず》ねられた小学生が喜々として話すように、俄然《がぜん》多弁になった。

「安岡先生の本には天啓みたいなものがようけあるんや。

『天地のために心を立て、生民のために道を立て、往聖《おうせい》のために絶学を継ぎ、万世《ばんせい》のために太平を開く』

と言った張横渠《ちょうおうきょ》の浩然《こうぜん》の気を教えてくれたんも安岡先生やった。安岡先生の本は読んでいるうちに、いつしか考え事に誘い込まれていく。いわばインスピレーションを与え、思索を誘導してくれるんや。これがいい。

安岡先生は、『読書はただ読むだけでは駄目で、読みながらもその本を自己内部で賦活《ふかつ》する必要がある。これを活読という。読みっぱなしならば、むしろ本に読まれていることになる』とおっしゃって、自分で思索することの大切さを強調されてまんな。わしもそのとおりやと思う。

『百朝集《ひゃくちょう》』（福村出版）の次の一節も、本質を忘れて、ややもすると枝葉末節に走ってしまうわしへの警告や。

『今の知識人は外物を知ることを知って、内心を知ることを知らない。技術者は外物を操作することを知って、自己を左右することを知らない。我々はこういう風に時々反省し操作して、往々《おうおう》失い易い真実の自己と生活とを保全しなければならぬ』

越智さんは教養をつけるために本を読んでいる暇はないという。安岡先生がしばしば強調されているように、活眼活学でなければ意味がないのだ。

「仕事は生きるか死ぬかの戦いや。死に物狂いで戦っているわしを応援してくれる本でなかったら意味がない。そういう意味で安岡先生の本はさび付いてなまくらになりがちなわしのアンテナをシャープにしてくれまんのや。

安岡先生の思想と生涯を系統立てて書いた本では、『安岡正篤の世界　先賢の風を慕う』（神渡良平著、同文舘出版）が推薦できる。今どきの風潮は、人のあら探しばかりしていて、『先賢の風を慕う』謙虚な姿勢がなくなってしまった。それだけにこの本は読み進んでいて爽快《そうかい》やった。作者の真摯《しんし》な態度にとても共感したなあ。わしは今でもこの本が大好きで、時々本棚から取り出して読んでおるんや」

越智さんが書店に入って書棚を見ると、読んで欲しい本は背表紙が光って、呼んでくれるという。そうして買って帰り、読みふけった本が家に三千冊はあるという。

「わしが生き残ることができたんは古典を読んでいたおかげや。でもなあわしは、『あの男は古典を読んどるらしいぞ。古典を読んどっても、あの程度か』などと言われたくなかったから、若い頃は本を読んどることをずっと隠しとった。肚《はら》が座っていないと言われたくなかったからな」

越智さんは念願のロンドンの三大デパート「ハロッズ」「セルフリッジ」「ハーベイニコルズ」、パリの「プランタン」への進出を果たした。若いころから海外進出は越智さんの夢で、それは日本の靴下業界のプライドをかけて、自分がそれを果たさなければならないと思っていたのだ。

積年の夢を果たし、ロンドンの市街地にある緑したたるハイドパークを歩いていた越智さんの口をついて出たのは、西郷隆盛の漢詩だった。

幾たびか辛酸を経て、志はじめて堅し
丈夫《じょうふ》は玉砕《ぎょくさい》するも、甎全《せんぜん》を恥ず
我が家の遺法《いほう》、人知るや否や
児孫《じそん》の為に美田を買わず

（幾たびか艱難辛苦を経験して、志ははじめて堅くなり、不屈の信念が養われる。男子たる者、散るべきときは玉と砕けても、醜い生き恥はさらさない。我が家には先祖から伝わった守るべき掟がある。子孫のために田畑などを買い、財産を残すことなどということはしない）

「幾たびか辛酸を経て、志はじめて堅し
丈夫は玉砕《ぎょくさい》するも、甎全《せんぜん》を恥ず……」

西郷さんの漢詩を口ずさみながら、よくぞ潰されずに生き残ったと思わずにはおれなかった。どの局面も乗り越えるのに必死だった。でも何とか活路が開け、今日まで来ることができた。感謝以外のなにものでもなかった。

思えば平成元（一九八九）年、「靴下屋」一号店になってくれた久留米市の渕上さんの店の五周年記念に駆けつけたとき、ご主人や奥さんと抱き合って泣いたこと、そしてそのことを伝える「靴下屋ニュース」に、

「今生の命、一切靴下に捧げる」

と書いたことなどが走馬灯のように浮かんできた。

「みんなのお蔭でここまで来れたんや」

そう思うと、みんなに土下座して感謝したい思いだった。

平成二十（二〇〇八）年五月、越智さんは長男の勝寛《かつひろ》さんに社長の座を譲り、会長に退いた。現在、奈良県広陵《こうりょう》町で、靴下の原料である綿花栽培に挑戦する越智さんは口癖のように言う。

「靴下は宇宙でんな」

研究しても研究しても窮《きわ》まりがないというのだ。越智さんはよりよい靴下を求めて、質とデザインの研究に今日も余念がない。だからこう豪語する。

「わしが死んだら火葬場に来てみなせ。煙突からは煙も出んぞ。完全燃焼した人生だからな」

# 第四章　社会の木鐸たらんとして

——高畑敬一元パナソニック常務と安岡先生

## 助かる遠距離介護サービス

「こんにちは。お迎えにあがりましたよ」

玄関のドアホン越しに、NPO法人「ニッポン・アクティブライフ・クラブ」(NALC=ナルク。本部・大阪)南横浜拠点ボランティアの七十二歳になる小野里康興《おのさとやすおき》さんが挨拶した。訪ねた先の横浜市港南区に住む八十九歳になる清水久子さんは先年膝を悪くし、短い距離でも杖をついて歩くのもやっとで、病院に行くのもままならない。

そこで長女の佐々木妙子さんのアドバイスで、ナルクの「時間預託制度」を活用し、病院への送り迎えのボランティアをお願いしている。これはボランティア活動を行なった時間を「一時間一点」と定め、自分や家族が必要なときに、ためておいた点数を使って援助を受ける制度である。

時間預託制度で点数をためている佐々木妙子さんは横浜から遠く離れた埼玉県上尾《あげお》市に住んでいるので、上尾市でボランティアに励んで点数をため、その分を横浜に住む母親に使ってもらっている。佐々木さんは、

「母や同居している弟夫婦の力に少しでもなれることがありがたい。ナルクがあって大

助かり」

と笑みをこぼす。このユニークなボランティア・サービスを行なっている団体ナルクは、全国に百四十四拠点、約三万人の会員を持っており、日本でもトップの団体に成長している。

## 海外にも広がり始めたナルク

五年前には百十四番目の拠点としてロサンゼルスにも会ができた。海外に永住、あるいは赴任している人で日本にいる親の家事支援や介護に関する不安を持っている人は多い。その人たちがナルクの存在を知り、現地で拠点を立ち上げ、ボランティアを始めている。ロサンゼルスなど米国の都市は車がないと買い物にも病院にもいけない地域が多く、移動や介護ボランティアの需用は多かった。だから米国でボランティアをして喜んでいただいた上、たまった点数を日本に住む親の介護に使えるので大助かりだという。

米国在住の日系人は百万人いるとされ、ナルクの活動の広がりは今後が期待される。この動きはロンドンやスイスにも広がっている。

## 独り暮らしの高齢者を救う「見廻り隊」

独り暮らしの高齢者は全国で四百万人を突破した。このままいくと、あと十数年後には七百万人に達するという。一番の問題は独り暮らしの高齢者の孤独死の問題である。もっとも助けを必要としているとき助けが得られず、寂しく死んでいかなければならないとしたら、こんなに辛いことはない。

ところがこの問題に、ナルク北海道の中標津《なかしべつ》拠点（澤井伸夫代表）がみごとな解決策をもって活動しだした。

北海道の知床《しれとこ》半島の南付け根部分にある中標津《なかしべつ》町は、人口二万四千人の小さな町である。そんな小さな町で、ナルク中標津拠点はそのほぼ一％にあたる二百四十三名の会員を獲得した。

代表世話人の澤井さんはナルクの活動をスムーズにするため、全会員を十九の班に分けて連絡網を作った。会の活動はこれでいっそうスムーズに行くようになったが、澤井さんはこの連絡網で何かできないだろうかと考えた。

すると独り暮らしの高齢者には、孤独死する不安があることがわかった。ではまず会員から絶対孤独死を出さないようにしよう。そのため班の連絡網を使って高齢者の会員を定期的に訪問したり、電話をかけて安否を確認し、要望があれば会員外の高齢者も見守ることにした。

そこで町内に住む独り暮らしの高齢者会員のマップを作り上げ、「見廻り隊」を結成して、家庭訪問を始めた。こうしてナルクの活動はますます地域社会から必要とされるものになった。

このナルクを立ち上げ、組織づくりに奮闘している人が、松下電器産業（現パナソニック）常務取締役を務めた、現在八十歳になる高畑敬一さんである。

## ナルク結成の動機

高畑さんは役員定年が近づいた平成四（一九九二）年、定年後をどうするか考えた。まだ六十二歳、体は元気だし、退職金や年金が入るので、食べることは心配ない。働いて稼ぐことよりも何か社会に役立つ仕事をしようと考えた。介護保険制度はまだなく、高齢者介護と老々介護が大きな社会問題になっていたので、この問題で何かできないだろうかと模索した。そこにアイデアがひらめいた。

「毎年ラスベガスで家電製品の新作発表会があり、私もよく行きました。その折、全米退職者協会（AARP）というところが活発なボランティア活動をしていることを知りました。AARPはもともと高校教師のOB会で、リタイアした人たちがボランティアをしていたのだそうです。アメリカでは親の所帯と子どもの所帯が別々になるのが普通です。老夫婦がお互い元気なうちはいいですが、片方が亡くなり独りきりになると、どうしても落ち込んでしまいます。

そこでウツにならないよう元気づけるボランティアを始め、それから展開してさまざまな活動をするようになったようです。資料を取り寄せ読んでみると、とても参考になり、こういう会を日本にも作ろうと考えました」

高畑さんは常務取締役になる前は、十九年間、松下電器産業労働組合（現パナソニック労組）中央執行委員長を務め、電機労連大阪地協議長をやり、全国民間主要労働組合委員長懇話会（全民懇）を結成して今日の連合の基礎を作った人なので、とても人脈が広い。

それらの人々に相談してみると、

「それは必要とされている活動だ。やろう」

という積極的な意見と、

「キリスト教国でない日本ではボランティアは流行らない。難しいだろうな。それに介護はイメージが暗い。他人のおむつを替えるのには躊躇《ちゅうちょ》する人は多いよ」

という消極的な意見が半々だった。阪神大震災が起こる二年前のことで、確かに人々のボランティア意識は希薄なように見えた。

そこで考え込み、結局諦めるのが普通の人だ。大企業の元役員だったら、老後はゴルフか世界旅行の船の旅を楽しむところだろうが、高畑さんは何か世の中に役立つことをしたいというのが頭の中を離れなかった。

そこでまず自分から一歩踏み出してみた。奥さんと二人で三級ホームヘルパーの講習会を三か月間受けてみた。これで高畑さんの意識が変わった。

「それまでの日本のボランティアは、年に一回か二回老人ホームへ行き、歌ったり踊ったりして慰問するという程度のものでした。アメリカのように介護が必要な人を継続して世話するというボランティアではありませんでした。

それがわかったので、アメリカのような団体を作らなければ意味がないと思ったのです。誰もやろうとはしませんが、これから大きな問題になってくるのは介護だと確信しました」

高畑さんの自問自答が続いた。

（介護は暗いイメージがあるのも事実だ。他人のおむつを替えるのはごめんこうむりたいというのも本音だ。でも誰もが否応無く人の世話にならなければならないときがやってくる。だから人々の役に立つ仕掛けを作ったら、みんながボランティアに参加するようになるはずだ……）

そこで考えついたのが前述の時間預託制度だ。ボランティアした時間を点数にしてためておいて、自分が困ったときに引き出してサービスを受けられるようにしようというものだ。あるいは自分がボランティアをした分、遠隔地に住む両親の世話を誰かに依頼することもできる。

設立は平成六（一九九四）年四月。時間預託制度というユニークな仕組みをＮＨＫをはじめとして多くのマスコミが報道してくれ、一気に知られるようになった。

会を運営してわかったのは、夫婦で参加するほうがいいということだ。

「男性はそれまで会社で仕事をしていたから、地域社会にあまり馴染みがありません。ところが女性は小中学校のＰＴＡ活動に始まって、町内会活動など、地域に友達が多い。だから奥さんの後にくっついて行けば、男性も地域社会に溶け込めるようになる。だからナルクの活動は夫婦で一緒に参加されたらどうでしょうと勧めました。これは正解でした」

ナルクの活動は多方面にわたって広がり、介護サービスや病院の送り迎えだけではなく、歩こう会、子育て支援活動、カラオケサロン、旅行会、パソコン教室、ビオトープ作りなども行なわれるようになった。

## 故新井正明会長を通して安岡先生を知る

昭和五十（一九七五）年、高畑さんが松下電器労組中央執行委員長のとき、関西の民間企業の労働組合を組織して関西産業労使会議を立ち上げ、関西空港問題にも真正面から取り組んだ。空港予定地の対岸で騒音を測定し、基準値を下回ることを確認すると、記者会見を開いて開港を要望したのだ。

それまで労働組合は騒音を理由に関西空港の建設に反対しており、推進表明など思いもよらなかったので、開港に熱心だった関西経済同友会は喜んだ。その代表幹事をしていたのが新井正明住友生命会長である。

そんなことがあったので、関西経済同友会が国防問題でシンポジウムを開いたとき、労働組合代表として高畑委員長にパネラーを依頼した。

そこで高畑委員長は堂々と自説を訴えた。

「今の自衛隊は軍隊としては認められていないが、私は自衛の軍隊は、シビリアン・コントロールを前提として、持つべきだと思います。自衛隊はわが国の軍隊とすべきです。それが現在の憲法では認められていないのなら、憲法を改定してでもやるべきです」

これは新聞に載り、反響を呼んだ。新井代表幹事は「労働組合の幹部が歯に衣を着せずに、そう発言してくれた」と喜び、シンポジウムの後に食事に誘った。

「その席で安岡正篤先生の話が出たんです。新井先生は関西の経営者で安岡先生を囲んで毎月勉強をしており、『論語』の精神をしっかり経営の中に持ち込もうとしているんだとおっしゃっていました」

新井代表幹事にしてみれば、労組のリーダーがこんなにも率直に現実を直視し、堂々と正論を吐いているのが頼もしかったのだ。高畑委員長も、

「経営者の中にもそういう地道な努力をし、素養を積んでおられる方もあるのだと感心しました」

と驚きを隠さない。意外なところに接点があった。こうして二人は肝胆相照らす中になった。しかし、安岡先生を囲む関西財界人の勉強会に、まさか労組委員長が顔を出すわけにはいかず、安岡という人物に会ってみたいとは思ったものの、会えずじまいだった。

## 安岡先生の思想に共鳴

そこで安岡先生の本を何冊か買って読んでみた。すると、『醒睡記《せいすい》』（明徳出版社）にはこう書かれていた。

「嘗《かつ》ての偉大な指導者達は皆時代の風潮に屈しなかった人々であり、新しい時代の創造は、こういう信念あり、勇気ある少数の人々の不屈の努力に因《よ》るものである。日本の危機に臨んで、有志者の雄健を祈る」

まさにそうだ。高畑委員長が松下労組の民主化に取り組んできたのも、このままでは会社そのものがおかしくなってしまうと奮起したからであり、已《や》むにやまれぬ思いからだった。安岡という人物の慧眼《けいがん》はすごいと思った。

また、『人間の生き方』（黎明《れいめい》書房）にはこう書かれていて、これにも唸《うな》った。

「いつの時代、どの国家でも、純真な精神と真剣な学問信仰に生きた人々は、その時代と俗衆の頽廃《たいはい》や迫害に悩みながら、毅然《きぜん》としてその信念を深め、『天下これを信じて多しとなさず。一人これを信じて少なしと為《な》さぬ』の信念気概を以って、少数の同志者との切磋琢磨《せっさたくま》に力《つと》めたものである。

これこそあらゆる独創性の源泉であり、偉大な行動建設の出発点であった。人間と社会との道徳的進歩以外、歴史の本義に何があるか。文明の本質に何があるか」

まさにこの気概なくして、現実は少しも改善されはしない。信念こそはあらゆる障害を乗り越える力である。一労組の民主化から始まり、それを全国に広げて全民懇を結成し、労働界に新しい流れを生み出したのも、信念だった。

同じ本にはこうも書かれていた。これなど高畑委員長が組合員にいつも語ってきたことであり、とても共鳴できた。

「一燈を以って一隅を照らすといえば、そんなことでは追いつかんと思うかもしれませんが、それは誤解、浅解でありまして、そうではないのです。

一燈が一万人集れば万燈になる。万燈の光というものは、いわゆる遍照《へんじょう》、遍《あまね》く照らすわけであります。数ばかりでなく、場というもの、あるいは地位によっては、この光は非常に遥かなところまで及ぶのですから、これは一国を、あるいは一世界を照破することにもなる。明日の世界、明日の日本ということを考えれば考えるほど、あらゆる職場にいるわれわれが、これに心眼を開かなければならぬ」

異なる分野に国の改革に真摯に取り組んでいる人物がいることを知ってうれしかった。

しかしながら安岡先生は昭和五十八（一九八三）年十二月十三日、八十五歳で他界され、高畑さんは永遠に会う機会を失ってしまった。

「新井会長にお会いする機会を得たとき、安岡先生にお会いする努力をしていたら……、と今さらながら悔やまれます」

知ってみると、関西の財界には安岡先生のファンが多い。高畑さんの人脈はいわゆる保守層にもどんどん広がっていった。それはやはり、いいものはいい、悪いものは悪いと言い切る高畑さんの柔軟な思考の魅力によるところが大きい。

「それからずっと後のことですが、『国家の品格』（藤原正彦著、新潮社）を読んで非常に感動しました。あの誇りこそもう一度日本人が持たなければならない精神だと思います」

実はパナソニックショップ（旧ナショナルショップ）の子弟たちを教育する松下幸之助商学院は、渋沢栄一の『論語と算盤《そろばん》』（角川学芸出版）と同じように、実学と共に商道徳の涵養にも心を砕いており、古典漢文の学習も大切にしている。安岡先生は松下幸之助商学院でも定期的に講義をされていた。

「私も商学院が『大学』の素読をしていることを知り、前の晩から泊まって体験したことがありました。そのとき安岡先生にお目にかかれなかったのが残念です」

労働運動の指導者にも国家や会社全体のことを考えて行動する人があったのだ。

## 松下電器労組の建て直し

高畑さんというと、階級闘争至上主義を掲げ、過激な労働運動をしていた松下電器労働組合を日本共産党指導下から体を張って取り戻し、良識派が指導する労組に建て直した立役者として知られている。

松下労組の正常化は戦後の労働運動史を語る上で欠かせない出来事だが、それを高畑さんはこう回顧した。

「松下電器は高度成長の花形で、急成長するので管理職が不足しておりました。大学卒が十年で課長になれたので、人材はみんなそちらにまわり、組合には来ませんでした。生産が急拡大し正規採用では間に合わないので臨時工を募集しました。臨時工なので十分な身元調査をしていません。ここに共産党員のオルグが潜り込んだのです。いつの間にか臨時工が正規採用より多くなり、共産党員の組合活動家が増えていきました。労組は臨時工の意見を入れて、正社員登用化闘争をやりました」

高畑さんは金沢工専（現金沢大学工学部）を卒業後、昭和二十五（一九五〇）年に入社。

社会は戦後復興期を経て、神武景気、岩戸景気と呼ばれた活況期に入り、どの会社も前述のような超繁忙期に入っていた。

「臨時工の正社員への登用闘争が実り、会社は臨時工を正社員に引き上げました。晴れて正社員となった共産党員は組合役員に立候補し、まんまと労働指導者に選出されました。こうして松下労組は、急速に左傾化して、関西でも最左翼の組合になってしまったのです。当時はまだ毛沢東が元気な時代で、ソ連と中国は仲良く一枚岩だったので、共産党や社会党など左翼の指導者は革命が起きることを本気で信じていました。どの組合も革命闘争の道具として使われ、労働者の不満を煽《あお》りました。

どの会社も労組問題に苦しみ、組合の中からも民主化運動が生まれましたが、トヨタ、日産、東芝、日立など、その多くは第二組合を作って、労組の正常化を図ろうとしました」

松下労組の正常化運動に携わっていた高畑さんは第二組合を作るとしこりが残ると思った。それよりも組合役員の選挙で対立候補を立て、組合の正常化を果たそうと考えた。

多少時間はかかるかもしれないが、階級闘争至上主義の組合指導者に負けないだけの理論と行動力を持ったノーマルな指導者を数多く育成していけば、組合は必ず正常化すると判断した。

だから仕事が終わった後や日曜日、費用がかからないお寺の本堂や神社の社務所を借りて、研修会を活発にやった。

「当時中央執行委員は委員長以下二十人。選挙では向こうもこちらも二十人候補を立てて、全面対決しました。ビラを発行し、立会演説会を開いて、懸命に訴えました。一年目の昭和三十六（一九六一）年は二、三十票差で負けたものの、二年目の昭和三十七（一九六二）年にはこちら側の三人が中央執行委員に当選しました。そして対決三年目の昭和三十八（一九六三）年には全面的に勝ち、私は中央執行委員長として三万名の組合員を指導するようになりました」

## 初めての松下幸之助会長との出会い

労組がどうなるかで松下電器の将来が決まるといわれていたので、高畑執行部の選出を松下幸之助会長（当時）は諸手を挙げて喜んだ。その模様を高畑さんはこう話す。

「当選後、労務担当重役に連れられて挨拶に行きました。それまで私は一主任だったので、会長に会うことなど全然ありませんでした。私はまだ三十三歳の若造です。そんな私に松下会長は席を立って深々と頭を下げ、お礼を言われました。

『あなたが新しい委員長ですか。ご苦労でしたね。国敗れて忠臣現れ、家傾いて孝子現わるというけど、松下電器にも忠臣、孝子がいたんですね。うれしい、実にうれしいことです』

組合の正常化は会社経営上の最大の課題だったから、相好を崩して喜んでおられました。でもすぐさま、

『これまでぼくは従業員のことを考え、春闘でも誠心誠意応えてきた。だからあなたが委員長になったからといって特別にいい解答をすることはない』

と釘を打たれました。こちらにそれを期待する向きがあるのを感じとられたので、ずばり言われたんでしょうね」

こうして「不世出の経営者」とか、「経営の神様」といわれる人物との付き合いが始まっていく。松下会長は大きな耳を傾けてよく話を聴く人だった。高畑委員長はさすがだと感心せざるを得なかった。

## 他山の石となった熱海会談

松下会長はその二年前の昭和三十六（一九六一）年一月、社長の座を娘婿の正治氏に譲

り、自分は会長職に退いた。正治新社長を早く実質的な社長にするべく、自分は月曜日の午前中二時間だけ出社した。

しかし重要事項の裁定はそうもいかない。そこで「三人委員会」（幸之助会長、正治社長、高橋荒太郎副社長）を設置し、最高意思決定機関とした。

しかしことは松下会長の思うとおりには運ばなかった。岩戸景気が去って株価が大暴落し、不況ムードがただよいだすと、松下電器は昭和二十五（一九五〇）年以来の減益になり、販売会社や代理店には赤字に転落するところが続出した。

危機感を募らせた松下会長は全国の販売会社・代理店の経営者たちと直接会って問題点を洗い出し、打って一丸となって苦境を乗り越えようとした。

これが有名な熱海会談で、昭和三十九（一九六四）年七月九日〜十一日のことである。

一切オフレコとされたこの会談では、販売会社や代理店の不満が続出した。

「ソニーにいつもしてやられている。松下は画期的なヒット商品は出せないのか！」

「松下はマネシタと呼ばれていることを知っていますか？　そのこと自体が、松下には商品開発力はないということを物語っているのではありませんか」

容赦の無い意見が続出した。そして、

「うちはこの三十年間、松下電器とだけ取り引きしてきた。松下電器の方針どおりにしてきたのに、なぜ赤字なんだ」

という不信さえ突きつけられた。それまで黙って話を聞いていた松下会長は憤激して、反論した。

「それじゃあ訊きますが、儲かっている会社は手を挙げてください」

百七十社ほどの参加者のうち、二十社ほどが手を挙げた。

「ご覧なさい。この不況下で儲かっている会社もあるということは、赤字で困っている会社はご自分の経営にも改善しなければならないことがあるということではないでしょうか」

そして恐ろしいほどの気迫で迫った。

「あなたはこれまで何回小便が赤くなったことがありますか！　私はこれまで命を削って経営してきた。あなたはどうなんですか」

本音と本音がぶつかり合い、怒鳴り合い、なじり合った。誰も体裁なんか考えていない。松下会長も感情が高ぶり、興奮して意見を述べた。一日目の討論は深夜まで及んだ。

全体会議は二日目に入って昼前、松下会長はそれまでの口調をがらりと改め、神妙な口調で語りかけた。

「私は代理店の方々がもっとしっかりしてくださったらと思ったりもしましたが、それは大変な間違いでした。やはり原因は私どもにありました」

そう言いつつ、涙声に変わり、黒縁のメガネの奥から大粒の涙がこぼれた。それを見て、会場はシーンとなった。

「今日、松下があるのはみなさんのお蔭です。それを考えると、私はひと言も文句を言える立場やない。これからは心を入れ換えて、どうしたらみなさんに安定した経営をしていただけるか、これを抜本的に考えてみます」

会場のそこここから嗚咽《おえつ》する声が漏れた。松下会長の誠心誠意に打たれ、自分の方こそ非を棚上げして、松下ばかりを責めていたと反省したのだ。

こうしてあれほど激しく荒れた会談は終わり、「共存共栄」で難関を突破していこうという気持ちに変わった。そして松下会長は会談の直後、自ら営業本部長に復帰し、販売の最前線に立った。それを見て販売会社も代理店も奮い立ち、打って一丸となった。

それは高畑委員長には生きた見本だった。中央執行委員長になって一年目、組織の蘇生は一にも二にもトップにかかっており、トップが衿を正せば、蘇っていくという実例だった。高畑委員長はいっそう衿を正して、組合業務に専念した。

## 大阪万博と松下幸之助

昭和四十三（一九六八）年、日本の国民総生産（GNP）は西ドイツを抜いて世界第二位の経済大国に躍り出た。その奇跡の復興を世界に向けて高らかに宣言することになったのが、昭和四十五（一九七〇）年の大阪万国博覧会である。

この大阪万博の会長ポストに松下会長が最有力候補として取り沙汰された。すでに「尊敬する人物」や「理想の経営者」などのアンケートで常に上位に挙げられ、年末恒例の国民的行事である紅白歌合戦にも審査員として起用されるなど、松下の人気は抜群だったので、当然のことと考えられた。

ところが松下会長はこれを固辞した。

「私が引き受けると、これは大阪レベルの万博になってしまう。日本の万博、いや世界の万博とするためにも、日本の代表的経済人にやってもろうたほうがいい」

結局、財界総理と呼ばれていた石坂泰三《たいぞう》経済団体連合会（経団連）会長が選ばれ、大任を果たした。

この事例が示すように、松下会長は名誉職には就かなかった。関西経済連合会（関経連）会長にも、大阪商工会議所会頭にもならなかった。その間、「万博はカラーテレビ」でというキャッチフレーズも効果をあげ、カラーテレビが普及していった。

## 大打撃となった不買運動

ところが大躍進を続けていた松下電器に昭和四十五（一九七〇）年九月、大変な問題が起きた。消費者五団体が松下電器製品の不買運動を起したのだ。

当時、ダイエーなどの量販店が勃興《ぼっこう》してきて、系列店の値段よりも安く供給した。松下電器は適正価格を標榜し、量販店には製品を卸さないようにしたものの、量販店側はあの手この手で仕入れ、値引き価格で売った。

この二重価格問題を消費者団体が取り上げ、カラーテレビの不買運動を展開した。それが冷蔵庫、洗濯機にまで波及し、売れなくなった。売れなければ工場の稼動率を低下させるしかなく、次第に仕事も減った。社長は消費者五団体と必死に交渉していたが、一致点が見い出せなかった。松下会長は、

「縁もゆかりもないおばちゃん連中がゲタ履きでやってきて、長年築いてきた販売政策

をやめろと怒鳴る。主婦を家事労働から解放したのは私じゃないか。感謝されてもおかしくないのに、ぼろくそ言われる。日本は法治国家ではないか。こんなこと許されていいのか」とぼやき、連日眠れない日が続き、目を真っ赤に腫らしていた。組合としては会社側と年末のボーナス額交渉に入りたかったのだが、会社側はそれどころではなかった。

そこで高畑委員長は松下会長に、今回の不買運動の背後にある消費者運動を説明した。

「消費者運動は四日市の大気汚染問題や水俣のチッソ反対運動と同じです。市民運動は一種の社会革命で、避けて通れません。妥協しなければならないところは妥協しなければいけません」

そして消費者五団体の中心になっていた主婦連の会長に会って訴えた。

「不買運動が効いて、生産が止まっています。このままでは私どもも路頭に迷いかねないので、不買運動を止めていただけませんか。そして解決のために条件を提示していただけませんか。それを持って帰って松下幸之助に伝えます。組合を信じてください。

交渉事というものは満額回答でなければ駄目というものじゃないでしょう。どうしたら折り合えますか」

そこで示された条件を松下会長に持って帰った。泥沼化していた問題がようやく解決に向かって動き出した。この一件で松下会長は高畑委員長を見直した。

かつて松下寿電子の船井社長が、カラーテレビの次の主力商品となりそうな家庭用としてのビデオをワンヘッド方式として売り出そうとしたとき、高畑委員長は技術的に問題があり、発売には反対だと強く迫ったことがあった。

そのとき松下会長はえらく気分を害し、「経営のことまで口出ししなはんな」と切り捨てたが、今回は対応が違った。

「いまは世の中が限りなく変動している。それがわからなかったし、社内の誰もそれを教えてくれなかった。それを労働組合の君が指摘してくれた。組合員は消費者でもあるから、消費者心理が一番よくわかっていたんや。おかげで問題が解決できた。かつてビデオのとき、経営のことに口を出すなと言ったことがあったが、外の変化を的確につかむためにも組合の意見を聴くことも大事やとわかった。これからは意見を聴くからな」

昭和五十七（一九八二）年八月、高畑さんが十九年務めた中央執行委員長を退いた後、現場感覚を取り戻すため、神奈川県辻堂にある乾電池工場で実習しているとき、突如松下会長に呼び出され、会長担当の取締役に抜擢されたのも、この事件の解決に見せた高畑さんの見識と力量を評価されたからかもしれない。

## 松下電器の取締役に就任

松下相談役が高畑さんを取締役に抜擢したときの言葉はこうだ。

「実地の勉強をするのもいいが、経営の大局を考えるとき、君はいい見方をしているし、役員になったほうが君の力が生きると思う。会社にとってもプラスだし、社長が気づいていないことをつかんで進言してほしい」

これこそ青天の霹靂《へきれき》の人事である。組合活動に専念しても出世していける例になるのなら、後進の活動家たちにも励みになると思って受けた。

その後、CS（顧客満足）本部長、音響本部長を歴任し、最後は常務取締役を二年務めて、平成五（一九九三）年に退社した。その後は前述したとおり、ナルク立ち上げに尽力し、八十歳になる現在も会長として頑張っている。

平成二十一（二〇〇九）年はナルク創立十五周年を迎えて、中山道五百三十三キロ踏破を計画した。そして全行程の完歩者は二十一名、部分参加者は二千五百名を得て、見事にイベントを成功させた。高畑さんが健康に恵まれているのも、ナルクの活動のご褒美《ほうび》かもしれない。

「考えてみれば、私の人生はいつも社会の木鐸《ぼくたく》たらんとしていました。労働組合本来の使命を忘れて、階級闘争至上主義の労働運動が盛んだったころ、それはおかしいじゃないかと民主化運動に取り組んだことも、パナソニックの経営陣の一人として陣頭指揮したのも、そして高齢化社会を迎えたいま、相互扶助のボランティア組織を作り上げようとして奮闘しているのも、全部使命感からやったことでした。

おそらく安岡先生も、今は絶えてしまいそうになっている聖賢の学を引き継いで、現代に蘇らせようという使命感があったのではないでしょうか。そしてそれを見事に達成されたような気がします」

英雄は英雄を知るという。異なった分野で時代の開拓者として道を歩んできた者同士が互いの健闘を讃え合っている――私はインタビューしながら、そんな図式を描いていた。ナルクの事務所には、第二の人生を歩む者たちが高齢化社会の相互扶助のシステムをつくり上げようとして奮闘している建設的な喜びが満ちていた。

# 第五章　孫の目からみた祖父の姿

――安岡定子こども論語塾講師と安岡先生

## 林間に響く素読の声

「では、先生の後に続いて、大きな声で唱《とな》えてくださいね。

『朋《とも》あり、遠方より来る。また楽しからずや』」

すると若くて小柄で美しい先生の先導に従って、子どもたちの大きな声が境内にこだました。再び先生の透き通った声が響く。

「人知れずしていきどおらず、また君子ならずや」

再びみんなの声が唱和する。『論語』素読会の凜《りん》とした雰囲気が伝わってきて、思わず衿《えり》を正す――。

ここは東京都文京区小石川にある浄土宗傳通院《でんつういん》。傳通院といえば、徳川家康の母、於大《おだい》の方の菩提寺《ぼだいじ》として有名で、鬱蒼《うっそう》とした緑に包まれた高台の敷地に、幾多の堂宇が聳《そび》えている。声が聞こえるのは織月《せんげつ》会館のホールからだ。

「文《ふみ》の京《みやこ》こども論語塾」は毎月第二土曜日に開かれ、わずか三十二名（うち子ども十四名）で始めたものが、六年経った現在、多いときで百二十名を超すまでに成長した。

「え、今どき『論語』？　なに、それ～」

という声が聞えてきそうだ。確かに子どもたちの多くはテレビゲームやアニメドラマに夢中になっていて活字離れが進み、『論語』など見向きもしないのだが、それに危惧《きぐ》をいだき、子どもに良いものに触れさせ、情操教育に役立てたいと思っている親御さんは少なくない。

しかし『論語』の素読はいいらしいとわかっていても、子どもたちが見向きもしないのではお手上げだ。子どもたちの心を巧《たく》みにとらえ、『論語』の素読へと誘導していってくれる人はいないか――。

そうした親御さんの潜在的願望に応え、彗星《すいせい》のごとく現れたのが安岡定子《やすおかさだこ》さんだ。わが国が生んだ漢学者故安岡正篤《まさひろ》先生のお孫さんといえば、「あの方の――」とうなずかれる方も多い。

安岡さん自身、二人の子どもの子育てをやって来たので、子どもの心理はよくわかっている。子どもたちを飽きさせないようにリードするのがうまい。だから安岡さんが主宰する「こども論語塾」は今やトレンドになっている。子どもたちに『論語』の素読は面白いと感じさせた功績は大きいといえよう。

## トレンドになったこども論語塾

もともと安岡さんは平成十七（二〇〇五）年一月から、傳通院で「文の京こども論語塾」を開いていた。その経験をもとに、『親子で楽しむこども論語塾』（明治書院）を書いたところ、これが大受けした。

『論語』は漢文なので見るからに難しそうな本が多いのだが、この本は色使いがとても柔らかく、まるで絵本のようだ。やさしい解説もついているので、子どもたちも一人で読める。

今では十万部を超すベストセラーになり、全国から講演依頼が相次ぎ、いろいろな書店が「素読の一日体験教室」を開くようになった。

現在、安岡さんが主宰する定期的な「こども論語塾」は、小石川、銀座（東京都）、塩竈《しおがま》市（宮城県）、都城《みやこのじょう》市二か所（宮崎県）、京丹後《きょうたんご》市（京都府）に広がっており、その他の一日論語素読会は枚挙に暇がない。

インターネットで検索すると、書店での素読一日体験教室は、丸善丸の内東京本店、同おおたかの森店（千葉県）、紀伊国屋泉北店（大阪府）、同富山店（富山県）など目白押しで、ほとんど毎週どこかで開かれていることがわかる。つまりこの論語素読会はしかつめらしいものではなく、子どもたち自身に受け入れられているということだ。

なぜそうなのか。安岡さんにその理由を聞いた。

「まず漢文特有のリズムが子どもたちを惹《ひ》きつけているといえます。子どもたちに人気の高い一節は、『巧言令色鮮し仁《こうげんれいしょくすくなしじん》』ですが、『口できれいごとを言い、うやうやしい態度を示している人は、ともすると仁の心が薄くなりがちです』というのを一言で言い切っています。このように含蓄《がんちく》のある内容が簡潔な文章で表現されているから、子どもたちにうけるのではないでしょうか」

「こども論語塾」に通っていると、例えばこんな変化が現れる。

いじめっ子がある子をいじめていたのを見かけた子が、「己に欲せざるところ、人に施《ほどこ》すことなかれ」と言って止めに入った。いじめっ子は意味がわからずきょとんとしていたそうだが、あっぱれな行為だ。

またある子は友達がいじめられているのをみて仲裁に入ったとき、背中を押してくれたのは、「義を見て為《な》さざるは、勇なきなり」という一節だったそうだ。人間としてはこうすべきだと思いながら、あえてそうしないのは勇気がないからだという『論語』の教えが頭に入っていたのだ。

このように規範とすべき価値観がしっかり入っていると、行動が生まれてくる。『論語』の素読は子どもたちの情操に確かな影響を与えているようだ。

## 飽きさせない秘訣

とはいえ、飽きやすいのも子どもの特徴である。一時間もの授業をどうやって引っぱっていくのか。安岡さんはこう工夫しているという。

「最初は季節にちなんだ話から入ります。十月だったら、『秋っていうと何を連想する?』と問いかけます。すると子どもは、『紅葉!』だとか『栗!』だとか答えます。子どもが自分から声を発するように仕向けるんです。すると躊躇《ちゅうちょ》する気持ちが取れて、積極的になってきます。

次に古典などの美しい描写を読みます。例えば『枕草子』の『春はあけぼの……』などを読んで味わい、『昔の人も今の人も感性は同じだね。千年経っても人は変わらないものを持っているんだね』と言いながら、古典へ興味が向くように仕向けます」

安岡さんは回を重ねるうちに、子どもたちが漢字に興味を持っていることに気づき、飽きさせないためにそれを活用するようになった。

「子どもたちが飽きてきたなと思ったら、みんなを黒板のところに立たせて、『じゃあ、こ、こうという字を書いてみてね』と質問します。すると子どもたちはいっせいに書き出します。孔、校、口、工、広、甲とさまざまです。中には携帯電話に『こう』と入力して調べているちゃっかりした子もいます」

そこで安岡さんは偏《へん》や旁《つくり》など漢字の機能を教え、四文字熟語はレ点をつけて読むと、意味がわかることを教える。この辺りは二松学舎《にしょうがくしゃ》大学で中国文学を専攻していたから専門分野だ。

「温故知新って四文字熟語があるでしょう。これは一文字目の後と三文字目の後にレ点をつけて、前に返って読むと意味が通じるのよ。だから『故《ふる》きを温《たず》ねて新しきを知る』となるんだよ。さあ、漢字の仕組みがわかった！　これも『論語』に出てくる言葉なんだよ」

子どもたちの目が輝いている。興味を持っていることの証拠だ。レ点などという中学生になったら習うようなこともすんなり理解されていく。

子どもを連れてきた親や祖母は今日採り上げられた『論語』の言葉や四文字熟語を使って会話する。一緒に参加しているから、共通の話題があって盛り上がる。論語塾は保護者にも結構な話題を提供しているのだ。

## 世に出るきっかけとなった「こども論語塾」

安岡さんは二松学舎大学で中国文学を専攻したが、「こども論語塾」で教えるようになるまではごく普通の主婦だった。安岡さんが世に出るきっかけになったのは、先に述べたように、「文の京こども論語塾」の講師を務めたことからである。

その前、安岡さんは「子育ても終わったから何か勉強しよう」と、文京区民大学で湯島聖堂斯文《しぶん》会常務理事の田部井《たべい》文雄さんが講義していた「論語講座」を受講した。そのとき東京都スキー連盟の理事だった森岡隆さんと知り合い、意気投合した三人は講座終了後も交流するようになった。

森岡さんはジュニアチームの監督として青少年の育成にかかわっていたが、体力づくり、技術指導だけでは何か足りない。心の育成も大事だと考え、論語教育に注目するようになっていた。そんなとき安岡さんに出会い、その人柄の魅力の虜《とりこ》になった。『論語』に造詣の深い人はたくさんいるが、子どもを対象に考えると、女性、それも人間的魅力に溢れた安岡さんが講師に最適だと考えた。

そこで安岡さんを講師にして「こども論語塾」を立ち上げたいと煙山力《けむりやまつとむ》文京区長（当時）に相談に行くと、なんと煙山区長は安岡さんをすでに知っていた。というのは、煙山区長は埼玉県武蔵嵐山にある安岡正篤先生ゆかりの郷学《きょうがく》研修所の会員で、安岡さんはその学術員をしていたのだ。

「それはいい考えだ」と共鳴した煙山区長は、区内にある傳通院の麻生諦善貫主《ていぜんかんす》に場所の提供を申し出たところ、快諾された。

開催にあたっては多くの人々にボランティアをしていただき、大人たちのエネルギーの結集の場となった。その火付け役となった森岡さんは「こども論語塾」にかけた思いをこう語る。

「子ども達が成長する過程で、論語塾で学んだことを生かしてくれたら最高です。お蔭さまでいろいろな方々が視察に来られ、私の町でもやりたいとおっしゃっています。手伝ってくださっている方々と、いずれは全国規模の『こども論語塾サミット』を開きたいねなど話しています」

私が取材に訪れたとき、ちょうどＮＨＫが取材に来ていた。大きな声を出して素読すると、体全体に響き、脳波にも良い影響を与えるらしいと撮影していた。素読の効果が科学的にも証明されつつあるようだ。

「こども論語塾」の主役は子ども達だが、会の運営をする大人たちがいなければなりたたない。第二の人生を何か意義あることに使いたいと思っている人々にとって、会の運営にかかわれることはありがたい。自然に身が入ってくるから、回を追うごとに改善され、充実してくる。世話人が、

「久々にあの子が手を挙げたんだけど、安岡先生は気づきませんでしたね」

とか、

「あの子は人の陰になっていたので、安岡先生の目に入らなかったみたいですね」

と指摘してくれるので、安岡さんは次の会にはその子たちにスポットライトが当るよう注意している。

だから会が終わった後の世話人たちの反省会は自ずから楽しいものになる。自分たちがやっていることが確実に次世代を育てていることを確認できて嬉しいのだ。

安岡さんは顔をほころばせて、

「みなさんが縁の下の力持ちとなって働いてくださっているから、こんなに盛んになりました」

と感謝する。このように「こども論語塾」は大人たちの交流の場でもあるのだ。

## 塩竈市の一森山こども論語塾

宮城県松島湾の守り神である塩竈神社は、境内に尚武殿一森山《しょうぶでんいちもりやま》道場という剣道場を持っている。その会長を務めている熊谷和穂《かずお》さん（剣道教士・七段）は、以前、市内の中学校校長だった頃、山口良治元伏見工高ラグビー部監督など、一芸に秀でた人々を呼んで、全校の道徳授業を行なっていた。

熊谷さんは退職後、塩竈神社の一森山道場で剣道教育に専念し、剣道の技術指導だけではなく、徳も育てたいと思い、人間学の雑誌「致知《ちち》」を通して知った安岡さんを招いて、「こども論語塾」を開くことにした。「一森山こども論語塾」という。

毎週土曜日朝七時からの稽古が終わると、豆剣士四十数名は面を取って汗を拭い、同じ敷地内にある大講堂に移って静坐する。すると年長の少年たちが年少の子ども達に『論語』のテキストを配る。そして安岡さんの先導で素読が始まる。

「子曰《しのたま》わく、十有五《じゅうゆうご》にして学に志す」

続いて全員が腹の底から大きな声で素読する。これが気持ちいいらしい。スカッとするのだ。

「子曰く、三十にして立つ」

子どもたちが素読する声が道場一杯に響き渡る。中にはもう暗誦《あんしょう》してしまった子もいて、テキストを見ないでそらんじている。教育が子どもたちの潜在能力を引き出しているのだ。こうして四十五分間授業を二コマ、合計一時間半たっぷりと素読する。

素読会が終わって家路に着く子ども達は肉体も精神もたっぷり汗をかいて清々しい顔をしている。

安岡さんは四か月に一度は訪ねて指導しており、もう七回になる。ここも着実な成果をあげている論語塾だ。主宰者の熊谷会長は論語塾にかける抱負をこう語ってくれた。

「言葉には回天《かいてん》の力があります。言葉には天の運行を変えるほどの力があるという意味ですが、それから転じて、人生や世の中を変える力があるといいます。子ども時代にそうした言葉にしっかり触れさせることが大事です。

美しい言葉は美しい心を育て、立派な行動を生み出します。バックボーンさえしっかりしていれば、どんな荒波がやってきても乗り越えていけます。

素読は即効性を期待するものではありません。十年後、二十年後に役立てばいい。そんな長い物差しで見ています」

とはいえ、さっそく効果が出て、平成二十（二〇〇八）年の県大会で一森山道場の生徒が優勝した。精神が凛《りん》とすれば、結果もついてくるのだ。

宮城県剣道連盟の広報誌『轍《わだち》』同年11号は一森山道場の小学校一年生の菅原尚央《なお》ちゃんの幼稚園の年長組での出来事を次のように紹介している。

「わたしがいちばんさいしょにおぼえた『ろんご』のことばは『それじょ（恕）か』です。おかあさんに『じょってなあに?』ってきいたら、『おもいやりだよ』とおしえてくれました。だからわたしはかんがえて、ようちえんのトイレのスリッパをいつもそろえています。このまえ、ふくえんちょうせんせいが、みんなのまえでほめてくれてうれしかったです。わたしはそどくがだいすきなので、これからもいっぱいべんきょうしたいです」

これも子どもたちの記憶の片隅にある『論語』が行動を喚起した好例である。熊谷会長は、「子ども達が元気よく挨拶《あいさつ》をし、履物《はきもの》をキチンと揃えるようになりました。これも『こども論語塾』の成果です」

と目を細める。この素読会は他の剣道場にも良い影響を与えているという。

## 命名にこめられた祖父の願い

安岡定子さんは昭和三十五（一九六〇）年、安岡正篤先生が六十一歳のとき、次男正泰《まさやす》さんの長女として生まれた。安岡先生にとっては七番目の孫である。喜んだ安岡先生は早速『礼記《らいき》』の「曲礼篇」にある、

「親が、寒さの厳しい冬には温かく、夏には涼しく過ごせるように、また夜は安らかに眠れるように気遣い、朝は元気ですかと尋ねてみる。そして家の外では、友とはいつも仲良くし、決して争うことはしない」

という一節から採って「定子」と命名されたという。「定」は「やすらか」とも読むので、「やすらかな女性」になってほしいという願いを込めたのである。

安岡さんは祖父が命名の出典を書いた「安岡定子推命控《すいめいひかえ》」を今でも大切に持っており、『礼記』は特別に重みのある本になった。この「推命控」は現在埼玉県嵐山町にある安岡正篤記念館に展示されている。

安岡先生は小石川の屋敷で、長男・正明さんの家族、次男・正泰さんの家族と同居されており、それぞれの家族は廊下でつながれた居間に集れるようになっていた。だから定子

さんは祖父の膝にだっこされて育った。

小さい頃は祖父が持って帰るお土産が楽しみで、夜、玄関のベルが鳴ると、

「あっ、おじいちゃまだ」

と叫ぶと同時に廊下を走り出していた。祖父に飛びつきそうな勢いで玄関に出ていくと、靴を脱ぎかけた安岡先生が、

「おお定子か、まだ起きておったのか」

と驚かれるのだった。夏にはお土産に籠に入った蛍を持って帰ってこられたこともあった。

また安岡先生は定子さんが小学校に入学するとき、自ら書道道具を選んで買い揃えた。定子さんはこの書道道具を小中高大と十六年使い続けた。大学で書道を習うようになったとき、小学生用の硯《すずり》で少し小さかったので、買い替えようとも思ったが、愛着があったので使った。すると授業中、定子さんの横を通りかかった先生が、

「君は良い硯を持っていますね」

と誉めてくださった。それで祖父がプレゼントしてくれた硯は選びに選んでくれた大変貴重なものだったことを知った。

安岡先生のやり方はいつもそうで、表だっては何も言わないが、裏では相当気遣ってくださっていた。素振りすら見せないので、知ったときは心にジーンと来るのだ。

定子さんは安岡先生の孫だから小さい頃から本に親しんでいただろうと思われがちだが、あまり読書は好きではなかったらしい。安岡先生から、

『ビルマの竪琴』と『路傍の石』は良い本だから読んでおきなさい」

と言われたことがあったが、読まなかったので、それきりになってしまった。安岡先生は押し付けがましいことはしない人だったので、定子さんの反応を見ていて、それに合わせてくれたのだ。

## 祖母の死に見せた祖父の涙

安岡先生は昭和五十（一九七五）年二月二十七日、七十七歳のとき、ご夫人の婦美《ふみ》さんを亡くされた。その十四日前、安岡先生の喜寿を祝う祝賀会が、東京會舘で開かれたばかりだった。その祝賀会の模様を婦美さんはこう詠んでいた。

国の中ゆ集へる群に囲まれて

夫も孫子も楽しみてあり

それだけに安岡先生の悲しみは深かった。喪に服し、一切外出しない日が続いた。家族の目には痛々しいほどだった。安岡先生は、今は亡き夫人への思いを漢詩にこう詠んだ。

朝起きて厨房《ちゅうぼう》に声あらず
夜帰って寂寞《せきばく》としてまた迎えるなし
梅花すでに散り柳條《りゅうじょう》乱る
孤《ひと》り坐して書を看《み》、短檠《たんけい》に対す

（朝起きると厨房で立ち働いている妻の声がしない。夜家に帰ってもひっそりとして迎える者はない。梅花はすでに散り、柳の枝は風に揺られ、乱れる季節になった。私は書斎で独り坐して書を見ているけれども、心は低い燭台《しょくだい》を見つめたまま迷っている）

定子さんが十五歳のときで、悄然《しょうぜん》としている祖父を慰める術もなかった。
（長年の連れ添いを亡くすことはこんなに辛いことなのか）

祖父が悲しんでいる姿を見るにつけ、中学生の定子さんの心は痛むばかりだった。

## 祖父と同じように王陽明に惹かれて

定子さんは大学受験にあたって、安岡先生から「中国文学科がいいんじゃないかな」と薦《すす》められている。そこで二松学舎大学文学部を受験し、合格したことを伝えると、無口な安岡先生は少し微笑んで、「がんばりなさい」と励ましてくれた。安岡先生には孫が十人いるが、中国文学を専攻した人は定子さんだけである。

一般教養科目の社会科の授業に出ると、出欠を取っていた教授が定子さんの名前を呼んだあと、

「君は安岡正篤という偉い先生を知っているかね?」

と訊いた。定子さんは教授の質問の意図がよくわからなかったので、

「はあ、安岡正篤は私の祖父ですが」

と答えると、

「君は安岡先生の孫なのか! 同じ姓だったので、訊いてみたんだが……そうか、孫なのか」

と感慨深げにされていた。それから講義の中にしばしば祖父のことが出てくるので、祖父の社会的影響力の大きさに驚いたという。

大学一年の冬、定子さんは指導教授の中田勝先生の研究室に立ち寄った。いつも中田先生は執筆中であることが多く、定子さんの顔をチラッと見ると、

「もう少しで終わるから、そこに腰掛けてまっていらっしゃい」

と言われる。ところがその日は何かとても嬉しそうで、煙草を吹かしておられた。テーブルにはかわいらしい鉢植えの花が置かれていた。

「今日は陽明先生の祥月《しょうげつ》命日だからって、学生がこんな綺麗《きれい》な花を持ってきてくれたんです。私のゼミの学生でもないのに、陽明先生の命日を覚えていてくれたんですねえ。本当に嬉しい」

中田先生を上機嫌にしていたのはその花だった。王陽明は明の嘉靖七（一五二八）年十一月二十九日に没しており、その日は王陽明の祥月命日だったのだ。定子さんはそのことを知らなかったので、ショックだった。四百五十年経ってもなお慕われる存在とは何だろうと思い、陽明先生を心から敬愛している師弟を心底羨《うらや》ましいと思った。

その出来事が定子さんに王陽明という人物を意識させるきっかけとなった。そこで王陽

明のことを知りたいと思って書店に行き、安岡先生の処女作『王陽明研究』(明徳出版社)を買って帰って読み出した。

ある日、安岡先生と定子さんが茶の間にいると、定子さんの母親がお茶の用意をしながら、安岡先生に話しかけた。

「定子はお父様の本をわざわざ本屋さんで買って来たんですって」

安岡先生が「どの本だ」と訊かれたので、「『王陽明研究』です」と答えると、

「それならおじいちゃんの部屋にあっただろう」

と半ば呆《あき》れた顔をされた。定子さんは安岡先生の本棚にその本が数冊並んでいるのは知っていたが、これから陽明学を学ぶに当り、書店で買い求めた本を開きたかった。そこにはこれから陽明学を勉強するんだという決意が込められていたのだ。

そして期待以上に、『王陽明研究』は定子さんの心を揺さぶり、読書の持つ深さや重要性を痛感することになった。

## 読書は人間を創る

定子さんは安岡先生から、

「読書は小さい頃からの習慣だから、毎日少しでもいいから読むといいよ」

とは言われていたものの、余り読んでいなかったことを反省した。しかし安岡先生は今でも読書されていて、旺盛な知識欲には驚かされた。

「本屋に寄って、この本を買ってきてくれないか」

と新聞の新刊紹介欄の切り抜きを渡されたこともしばしばだ。そしてこう語ってくれた。

「私が半生を顧みて、いつも懐かしく思うのは四条畷《しじょうなわて》中学時代、生駒山下の家から飯盛山下の中学まで、一里ばかりの道を降っても照っても歩いて通ったことだ。その往復の間、どれだけ書を読み、思索にふけったかわからない。時には牛車に衝突し、牛の方が驚いて目を丸くしておったよ。

今になってみると、この中学五年間、高野街道を歩きながら読み、考えたことが、ほんの少しだけ実行できたような気がする」

まさにそのとおりで、問題意識がなければ、時間は平々凡々に過ごしてしまうと痛感し

た。定子さんは王陽明の真骨頂は、

「山中の賊を破るは易《やす》く、心中の賊を破るは難し」

にあると思うが、王陽明に私淑《ししゅく》した祖父は自分には厳しくとも、人にはやさしかった。そんなこともあってか、口やかましく、ああしなさい、こうしなさいと言うことはなかった。

「私が大学生のころのことです。定期試験の勉強で明け方の三時、四時まで起きていたことがありました。祖父の書斎は中庭をはさんだ母屋の一階にあるのですが、まだ灯りが点いているのです。調べものをしていたのでしょう。

そんな日でも朝は普通に起きてきて、まず番茶に梅干を一個入れてゆっくり飲み干し、それから食事をしていました。このように祖父は人には厳しく言わず、自分を律していたようです」

安岡先生の豊富な読書量は、孫の目からみても大変なものだった。

「祖父はいつも『時間は自分で作り出すものだ』と言っていました。

『活動すれば腹が減って、食欲が出るのと同じで、求道心がありさえすれば、忙しければ忙しいほど時間をやりくりして本を読むものだ。多忙、大いによろしい。多忙で勉強できないということはない』

というのです。そしてその通り、時間を活用して、本を書き、講演をこなしていました。だから私にとっては生きたお手本でした」

## 晩酌の相伴をしながら

安岡先生は定子さんが大学生になった昭和五十三（一九七八）年、つまり八十一歳頃から外出することが少なくなった。だから定子さんは大学から帰ると、安岡先生の晩酌の相伴をしながら、貴重な話を聞くことになった。

盃が進むにつれて、頬が紅く染まり、普段は無口な安岡先生がポツリポツリと昔の話をされた。

「私が二十代の頃のことだ。ある日学生が家まで訪ねてきて、

『安岡正篤先生にお目にかかりたくて訪ねてまいりました』

と言うんだ。たまたま私が応対に出たので、

『どういうご用でしょうか』

と尋ねると、かしこまって、

『先生はご在宅でしょうか』

と訊く。私を書生か何かと間違えたんだねえ。

『私がその安岡ですが……』

と答えると、エッと驚き、私の顔をまじまじと見ている。何でも仙人みたいな長い髭《ひげ》を生やした老人だと思っていたらしい。私の本に感激してわざわざ訪ねてくれたらしいが、こっちも驚いてしまったよ」

安岡先生は顎《あご》に手をやり、長い髭を撫《な》でる仕草をして、実に愉快そうである。

またあるとき、安岡先生は山形県の蔵王を訪ねた。眺望が余りにも素晴しかったので、即興で漢詩を詠んだ。

雲霧《うんむ》濛々《もうもう》また忽《たちま》ち収《おさま》る
月山《がっさん》の雪嶺秀然として浮かぶ
紫崖丹壑《しがいたんがく》奇趣多し
深く識《し》る神人遁跡《とんせき》の幽なるを

（雲や霧がもうもうと湧き出し、たちまち消えてゆく。蔵王からは山形盆地を隔てて、遥かに雪冠を被った月山の秀峰が雲の中に浮かんでいる。紫に煙る断崖《だんがい》や丹《あか》い谷が見え、奇趣に富んでいる。それらは神人が通った跡に違いなく、しみじみと幽玄を味わっている）

昭和五十（一九七五）年六月、蔵王にエコーラインが開通したとき、この漢詩が銅版に鋳《い》られ、詩碑となって、弁天平に建立された。

「その後、米沢に講演に行ったとき、自動車で案内してくれる人があってね。弁天平まで行ってみると、ちょうど観光バスが来ていて、バスガイドが団体客に何らや詩碑の説明をしていた。面白そうだからいっしょになって聞いていると、こう言ったんだよ。

『これは有名な江戸時代の漢学者安岡正篤先生が詠まれた漢詩です』

これにはびっくりしたねえ。とうとう江戸時代の人にされちゃったよ」

これにはみんな吹きだした。安岡先生の座談はみんなを十分楽しませたのだ。

家では滅多にしかつめらしい話はしない安岡先生だったが、時には人間の修養について話すこともあった。

「人間は知識、見識、胆識《たんしき》の三つが揃って初めて一流の人物になれる。見識というのは知識に倫理観が加わって育つもので、それがさまざまな経験を積んで肚が育つことで胆識となっていく。知識と見識は誰でも努力すればある程度は身につくものだが、胆識は違う。

問題はこれだ。これができないと本当に信頼に足る人物にはなれないし、人も慕ってこない。これを備えた人物はなかなかおらん。難しいんだ」

こういう話をするときはやや厳しい表情だった。

## 論語素読会をリードする安岡先生の言葉

安岡先生が亡くなったあと、定子さんが祖父の『青年の大成』(致知出版社)を読んでいると、次のような文章に出合い、安岡先生から直接諭《さと》されているような気持ちになった。

「人間はできるだけ早いうちに、できるだけ若い間に、自分の心に理想の情熱を歓喜するような人物を持ち、理想像を持たないといけない。私淑する人物を持つと持たないのとでは大きな違いです。なるべく若い時期にこの理想精神の洗礼を受け、心の情熱を燃やすと、たとえ途中いかなる悲運に際会しても、いかなる困難に出合っても、かならず偉大な救いの力となる。若いときにそういう経験を持たなかった者は、いつまで経っても日蔭の草のようなもので、本当の意味において自己を伸ばすということはできない。ことに不遇の時、失意の時、失敗の時にこの功徳が大きいものです」

定子さんはさまざまな人生経験を経て、今ようやくわかるような気がした。祖父が言っていたことが理解できる年齢になったのだ。

定子さんが「こども論語塾」で子どもたちに対するとき、心に持っているのはこの思いだ。『論語』の一字一句が子どもたちの心に刻まれ、ここぞというときにきっと彼らを支えてくれる。そう信じて、今日も論語素読会をリードしている。

# 第六章　人生を豊かにする人間学の勉強会を主宰

——清水徹山梨県警察学校長と安岡先生

## 毛並みの変わった警察官

山梨県にちょっと毛並みの変わった警察官がいる。昭和四十八（一九七三）年、山梨学院大学を卒業後、山梨県警察官を拝命。県警所轄署の刑事課長、県警察学校や関東管区警察学校の教官、ならびに県警察学校副校長、県警本部生活安全部参事官を歴任後、現在は県警察学校長を勤めながら、県内三か所で人間学の勉強会を開き、他にも講演に呼ばれることが多い清水徹《とおる》さんである。

普通だったら出世に血眼で、実績を積むことに一生懸命で、人のことには構ってはおれないのだろうが、清水さんは違う。芯から世話好きで、人々がより幸せになれるようにと、各地で勉強会を開き、講演行脚している。県警では教育畑が長かったこともあって、教壇に立つことにはなれているが、それ以上に温容な人柄が人々に受けて、引っ張りだこなのである。

清水さんが古典に興味を持ったのは、二十七歳か二十八歳の頃、県内の警察署の留置場に勤務していたときだ。選挙違反で拘置《こうち》された被疑者が、安岡正篤《まさひろ》先生が昭和十二（一九三七）年に出版された『日本精神の研究』（玄黄社。致知出版社より復刻）という古い書物を読んでいたことからである。選挙違反の被疑者であるにもかかわらず、悠揚《ゆうよう》迫らぬ態度で本を読んでいる姿を見て、逆に感銘を受けた。

そこで『日本精神の研究』を取り寄せて読んでみたが、さっぱりわからなかった。まだ目が外界に向かっていて、興味があることが多かった。それに自分の可能性にも挑戦したかったし、昇進試験に関係する法律書も読まなければならなかった。

自分の目が内面の世界に向かうには、さまざまな人生経験を経て素養を積み、機が熟することが必要だった。

## 人生の転機を迎え

転機が訪れたのは四十二歳過ぎてからである。一通りのことを経験して、世の中の仕組みがわかってきて、さらに四十代という成熟の年代に入ってきて、関心が内面の世界に向かい出したのだ。

人生の機微を論じつくした古典や人間学の本は法律書より数段面白かった。清水さんはそうした本にのめり込んでいった。

「当時、私は山梨県警の刑事課長をやっており、生意気盛りで、傍《はた》から見たら鼻持ちならない男だったのでしょう。でも当の本人はそれには一向に気づいていませんでした。

警察は階級社会で、昇進試験に合格すれば、昨日までの部下が今日から上司になるような競争社会です。その頃はそれに疑問すら感じず、当然だと思っていました。

でもそれではいびつな人間になりやすく、競争社会では良心の安らぎを感じることはできません。あれっ、これでいいのかな？　と疑問を感じるようになり、人間の素養を積む本を読むようになっていきました」

上司から、

「おい清水、そんな類の本を読んでいても一銭の得にもならんぞ。昇進試験が迫っていて、それどころじゃないだろう」

と言われても、意に介さなかった。

（受験勉強は受験勉強でしっかりやるが、これらの本は私の魂に訴えかけてくるんだ）

口には出さないが、そんな思いでいっぱいだった。

そういう頃に手にしたのが、安岡著の『偉大なる対話――水雲問答』（福村出版）と『王陽明研究』（明徳出版社）である。これを読んで改めて安岡という人物に魅せられ、身震いした。自分の生き方を充実させなければ、人生を空回りさせてしまいかねないと思った。

そして古典を読み、心を養うことを心がけるようになると、世界が変わっていった。出会う人々が変わっていき、人生が豊かになっていったのだ。

安岡先生は人間が授かっている生命の偉大さについてこう説いておられた。

「人間の生命というものは、全きもの、無限にして永遠なるものです。その偉大な生命がなんらかの機縁によって、たまたま一定の存在になり、一つの形態を取るのです。われわれ人間が存在するということは、すでに無限の限定であり、無限の有限化であることを知る必要があります。この有限化を常に無限と一致させるということが真理であり、道理であり、道徳であります」（『運命を開く』プレジデント社）

こんな人間観はかつて聞いたことがなかった。血沸き肉踊るような興奮さえ感じた。安岡先生の本を読むのが楽しく、次から次に読んでいった。

## 林大幹先生の勉強会に参加

平成七（一九九五）年、四十五歳のとき、後に環境庁長官を務めることになる自民党の林大幹《たいかん》衆議院議員が安岡先生の高弟だと知った。林先生は東京・永田町のホテルで、月に一回勉強会を開いておられると聞いて、参加した。

永田町の政界といえば一般的には生き馬の眼を抜くような世界だと理解されている。しかし、林先生はもの静かな人で、湖水を渡ってくる風が持っている爽《さわ》やかさがあった。とても権力闘争の牙城《がじょう》に身を置いている政治家とは思えない、学者のような静けさがあった。

（さすが安岡先生の高弟だけあって、ものごとに動じない肚《はら》を養っておられる。胆識《たんしき》を養うってこういうことを言うのだろうな）

清水さんは安岡先生が人間の素養について、

「頭でっかちな知識に終わってはいけない。さまざまな経験を積んで知識が見識となり、それに倫理観その他が加わったとき胆識にまで育つ。そうなってこそ初めて人もついて来るし、仕事もできるのだ」

と説いておられるのを思い出していた。

テキストは林先生が撰修された『古典に学ぶ人間学』（正観書院《せいかん》）である。三十名ほどの小さな集まりだったが、猶興《ゆうこう》の志を秘めている、味のある人が多かった。二時間ほどの勉強会だが、人生が充実する手応えがあり、学んでいる喜びがあった。例会が終わって帰路に着いた清水さんは新宿の高速バス乗り場に急ぎながら、満たされた充実感を覚えていた。

（自分の素養を磨くとこんなに気持ちが豊かになるんだ。こういうような勉強会をいずれ甲府でも持ちたいものだ）

## 林繁之先生との出会い

休みになると、清水さんは埼玉県比企《ひき》郡嵐山《らんざん》町にある安岡正篤記念館を訪ねた。甲府からはいったん池袋に出て、東武東上線で武蔵嵐山に行かなければならないので、電車で三時間かかった。

ここは戦前、安岡先生が農村の青年指導者を集めて日本農士学校を開いておられたところである。現在はその跡地に文部科学省が国立女性教育会館という宿泊研修施設を建てており、その一角に安岡正篤記念館がある。

清水さんはここで、昭和二十四（一九四九）年の全国師友協会発足当時から、安岡先生の秘書をやってこられた林繁之《しげゆき》元全国師友協会常務理事に出会った。先ほど述べた林大幹先生の実弟である。

林さんは清水さんに安岡先生との出会いの経緯《いきさつ》を語ってくださった。

「私はねえ、中学を三年で退学をくらったんです。ふて腐れてぐれていた私を、金雞学《きんけい》院で安岡先生について学んだ兄が心配して、安岡先生のところに連れて行ってくれました。それ以来、私は安岡先生に師事するようになりました。

講義が終わって先生がお帰りになるとき、駅まで送っていく者がなかったから、私がお送りしました。その道すがら、先生は私にいろいろなことを語ってくださいました。

例えば、『人生行路難《かた》し、山に非ず、谷に非ず、ただ人情反復の間《かん》に有り』と述べて、深山に篭《こも》って修行するよりも、世俗の間で修行することのほうが難しいんだよと諭《さと》してくださいました」

この送迎する時間は林少年にとってかけがえの無い時間となった。

安岡先生は活きた学問でなければ意味がないと「活眼活学」を強調し、生きた人物から学ぶことを強調されたが、清水さんは林両先生にお会いしたことで、活学を学ぶようになった。

林先生は安岡先生に仕えた二十五年余りの出来事を『安岡正篤先生随行録』(致知出版社)として上梓《じょうし》されていた。お側近く仕える者にはその人の裏も表も見えるので英雄はいないといわれるが、林先生が書かれた本を読んで見ると、安岡先生にぞっこん惚《ほ》れこんでおられることが伝わってくる。

（安岡って人はやはり世に稀《まれ》に見る人生の師父《しふ》だ！）

と思った。そのご縁で、平成七（一九九五）年七月、林先生を甲府に迎えて、講演会を開いた。それらの人に今は故人となっている安岡先生の素晴らしさを知ってほしかったのだ。

## 自然発生的に発足した勉強会

平成八（一九九六）年四月、甲府市に『出会いの人間学講座』という勉強会が生まれたのはまったく偶然な経緯《いきさつ》からである。

ある日、清水さんは友人たちと話していた。例によって清水さんの話には豊富な読書に裏打ちされた古今東西の賢人たちの知恵が織り込まれているから、とても含蓄が深い。そこでこう言われた。

「ねえ清水さん、勉強会を開きませんか？　清水さんの話はこういう雑談の中にも聖賢たちのキラリと光る言葉が入っていて魅力があるんです。聞き逃すのがもったいなくて、いつもメモを取っているんだけど、こうしたことを勉強会で系統立てて学べるとしたら、こんなにありがたいことはない。やってくれませんか。仲間を集めますよ」

清水さんはびっくりした。そんなつもりはまったくなかった。しかしそういう要望があるなら、勉強会を持ち、切磋琢磨《せっさたくま》して、お互い自分たちを磨いてもいいなと思った。

安岡先生は、今は顧《かえり》みる者たちが絶えていなくなった聖賢たちの学問を受け継ぎ、現代に蘇らせようと決意されたという。とてもそこまではいかないにしても、甲府という地方都市で聖賢の学をコツコツ学び、それによってそれぞれの人生を高めることができれば、こんなに素晴らしいことはない。

清水さんはやってみることにした。日曜日だったら勤務にも差し支えない。

こうして甲府市で「出会いの人間学講座」という月一回の勉強会がスタートした。七名でスタートした小さな集まりだったが、噂を聞きつけて次第に一人二人と増えていって、常時三十名を超すようになった。

## 市民を奮い立たせた勉強会

古典や人間学の勉強会、しかも講師が県警の幹部だと堅苦しく思われがちだが、そうではない。女性会員が多いということが何よりもそれを証明している。

その一人、設立当初からの会員である有井育子《ありいいくこ》さんはこう語る。

「私は一介の家庭の主婦で、世間知らずで、何もわかりませんでしたが、勉強会で先賢の知恵を学んでみて、ああそういうふうに物事を捉えるべきなのかと驚きました。人と見比べて焦《あせ》ることなく、コツコツ取り組むというのも、この勉強会で学んだことでした。今は万感の思いをこめて、心からありがとうと言えるようになりました。昔もありがとうと言っていたわけですが、今とは比較にならないほど浅いものでした。今は幸せ感が変わってきたように思います」

平成十三（二〇〇一）年から勉強会に加わるようになった斎藤光子さんはこう語る。

「私は『国民教育の父』と仰がれた森信三先生のファンで、県立図書館や市立図書館で探してもらったのですが、蔵書がありませんでした。そんなとき友達から清水先生が勉強会で森先生の思想に言及されたよと聞いて快哉《かいさい》を叫び、先生の勉強会に通うようになりました。

テキストは当初清水先生自身が作成されたものを使っていましたが、途中から神渡先生著の『安岡正篤　人間学』（同文舘出版）に変わり、安岡先生が影響を受けた書物や人物についての清水先生の説明に酔い、ぐんぐん引き込まれていきました。

清水先生が安岡先生の言葉を引用して、

『悟りというのは暁《あかつき》にとてもよく似ている。それまで夜の闇に閉ざされていて何も見えなかったものが、夜明けが近づいてくるにつれ、初めはシルエットしかわからなかったのに、だんだん詳細が見えてきて、ついに全貌が見えるようになる。だからそういう意味から「暁る」と書いて「さとる」と読ませるのです』

と語られたお話がとても印象的でした。

私はそれまで『私淑《ししゅく》する』という言葉があることすら知りませんでした。尊敬できる人があったらその人に師事する。しかし身近にそういう人に出会えなかったら、優れた人の本を読んで自分を養う。そういう人が同時代にいなかったら、時空を超えて古人に私淑しよう。もし人間に満足できなかったら、天に師事しようというのです。そういう古人の教えを知って、私自身の精神生活がどれほど豊かになったかわかりません」

清水さんは勉強会が本から学ぶだけの単調なものに陥らないように、いろいろ工夫した。例えば伝説のドアマンと呼ばれた名田正敏《まさとし》さん、車イスのカメラマン田島隆宏さん、ハガキ道の提唱者坂田道信さんなど、キラリと光る生き方をしている人たちを招いた。

それらの人々の講話は参会者の心を打った。こうした工夫を凝らした勉強会は、富士吉田市や櫛形《くしがた》町（現・南アルプス市）にも広がっていった。

## トイレ掃除の鍵山秀三郎さんとの出会い

私は先に「清水さんは人間学を学ぶようになって、新たな層に人脈が広がっていった」と述べたが、その一人が自動車用品の卸販売会社イエローハットの創業者鍵山秀三郎《かぎやまひでさぶろう》さんとの出会いだ。鍵山さんは「トイレ掃除をする社長さん」として知られ、清々しい社風をトイレ掃除で作り上げてきた人である。

鍵山さんはある講演会に、以前から清水さんが師事していた作家の小島直記先生と共に講師として招かれていた。鍵山さんは会社を上場させた大経営者であるにもかかわらず、小島先生の講演をきちっとそろえた両膝に両手を添えて、身じろぎもせず謙虚な姿勢で聴き入っておられた。

鍵山さんは続いて演壇に立たれ、自分がやってきたことを淡々と話された。それを聴いて清水さんは、

「世の中にはすごい人がいるものだ。こういう人のことを本物というんだ」

と涙があふれてならなかった。講演を聴いて涙が止まらなかったのは初めての経験だっ

たが、人目もかまわずハンカチで拭いた。

鍵山さんは清水さんがこれまで付き合ってきた人々にはない謙虚さを持たれていた。その人が作り上げた社風を見てみたいと思い、東京都大田区北千束《せんぞく》にあったローヤル（現・イエローハット）の本社を訪ねた。職場はピカピカに磨き上げられ、社員が交わす言葉の響きにも和んだものがあった。

（誰よりも率先して下坐《げざ》におり、トイレを磨くことがこんなに人間を謙虚にするのか！）

清水さんは目から鱗《うろこ》が落ちる思いがした。

鍵山さんは毎週水曜日の早朝、イエローハット本社でトイレ掃除の研修会を開いていた。それが高じて、小中学校のトイレ掃除をしようという動きが始まり、平成五（一九九三）年十一月、「掃除に学ぶ会」が立ち上がった。

鍵山さんは日曜日にはそれらの会合に参加して、率先してトイレを磨いた。掃除が終わると、車座になっておにぎりをほうばって、感想を述べ合った。そんなとき、鍵山さんはトイレ掃除の効用を話した。

「誰も見ていないところで、コツコツと善行を積むと、それによってその人に心の落ち着きや心の余裕が生まれます。昔の人はそれを『陰徳《いんとく》を積む』と言われていました。さあ、私たちも陰徳を積んで、心楽しい人生を送りましょう」

確かにトイレ掃除に参加して、心地よい汗を流すと、気持ちが晴れ晴れする。その清々しさはやった者しかわからない。清水さんは、この気持ちをみんなにも味わわせてあげたいと思った。それまでわざわざ東京まで行ってトイレ掃除に参加していたが、山梨県でも立ち上げようと思い立ち、

「頭でっかちになってはいけません。実践しましょう。それには下坐に降りて、トイレ掃除をするのが一番です」

と勉強会の仲間を誘った。

## 「トイレ掃除は私自身を変えました」

第一回目は平成十二（二〇〇〇）年三月、山梨県櫛形町立（現・南アルプス市）小笠原小学校のトイレ掃除をした。それには鍵山さんも参加して、花を添えてくれた。このトイレ掃除は仲間にも好評で、人間学の勉強会とトイレ掃除はいつの間にか、車の両輪となっていった。

『出会いの人間学講座』に平成十一（一九九九）年から参加し、翌年から小中学校のト

イレ掃除や甲府駅前清掃にも参加するようになった篠原好子さんは、勉強会と「山梨掃除に学ぶ会」の魅力をこう語った。

「私は長らく郵便局の貯金課の窓口でお金を扱っていたこともあって、とても猜疑《さいぎ》心が強く、人の欠点ばかりが目に付いていました。ところが清水先生の人の良い面を見る態度にとても教えられました。清水先生は私たちの目線でものを見られます。それが嬉しい。押し付けがましいところがありません。

翌年からはトイレ掃除にも参加するようになり、念願だった鍵山先生にもお会いできました。そのうち『掃除に学ぶ会』の全国大会にも参加するようになり、友達が一気に全国に広がりました。人生が豊かになったというのはこのことです」

清水さんにとって、トイレ掃除との出合いは予想していた以上に大きかった。

「下坐におりて自らトイレ掃除をすると、目線が低くなり、ものがよく見えるようになるんです。それまでの自分は頭でっかちだったなと思います。私自身の人生を振り返ってみたとき、いくつかの転機があったことがわかりますが、その一つがトイレ掃除でした」

そう前置きして、清水さんは自分の体験を語ってくれた。

## ある中学校で起きた出来事

「平成十五（二〇〇三）年八月、県内のある中学校にトイレ掃除に行ったときのことです。学校の玄関に、七、八人のワルが寝そべっていました。頭に剃りが入っているところを見ると、番長グループでしょうか。学校も持て余しているのでしょう。

ところがその生徒たちも他の生徒たちと同じようにトイレ掃除に参加し、汚い便器に手を突っ込んで磨いたのです。

掃除が終わってみんな体育館に集り、おにぎりを食べ、感想発表会になりました。するとワルのリーダーがつかつかとみんなの前に出てきて、こう言ったのです。

『おめえら、俺が磨いた便器を汚すんじゃねえぞ！』

みんな呆気《あっけ》に取られましたが、その後すかさず万雷《ばんらい》の拍手が巻き起こりました。みんな嬉しかったのです。彼はもう持て余し者ではなく、トイレ掃除仲間になっていたんです。

会が終わって掃除道具の後片付けをしていると、例のワルのグループが私のところにやってきて整列し、

『ありがとうございました！』

と全員頭を下げたんです。たった一回のトイレ掃除だったのに、彼らの心に非常に訴えるものがあったのです。

私は以前、トイレ掃除で荒れた高校が立ち直っていく過程にあった広島県立安西《やすにし》高校のトイレ掃除に参加したことがあります。先生方も保護者の方々も率先してトイレ掃除に精を出されたことから、学校が変わっていったのですが、あの高校で起きたようなことが起きたのだと思いました。

後で校長先生がおっしゃっていました。

『私は三十数年間教育に携わってきましたが、あの番長グループがしゃきっとなった姿を見て、今日ほど教えられたことはありませんでした』

つまり不良グループの問題ではなく、こちら側の姿勢の問題だったのです。

『論語読みの論語知らず』という言葉があります。儒学者にとって、『論語』は生き方を説いてくれる貴重な本ではなく、ただの装飾品になってしまい、ただ解説を述べるだけのことになりがちなことを戒めた言葉です。気をつけないと、学問が現実の何も変えることができないただの装飾品になり下がってしまいます」

手厳しい指摘だが、肝に銘ずべき言葉である。

清水さんは公職以外の時間は人間学の勉強会の世話と掃除に学ぶ会で忙しい毎日を送っている。最後に一言語ってもらった。

「人生において、佳書《かしょ》ほど励ましと潤《うるお》いを与えてくれるものはありません。追い詰められた者にはその苦境から抜け出すヒントを、悲しんでいる者には涙を拭って立ち上がる勇気を与えてくれます。

そんな先賢の貴重な知恵を活かして豊かな人生を過ごし、ますます人のお役に立てる人間になりたいものです」

私は甲府市や富士吉田市や南アルプス市で隆盛の一途をたどっている清水さんの勉強会を見て、頼もしく思った。おそらく安岡先生も、今は絶えてしまった聖賢の学を現代に引き継ごうとしている後学の者が現れてきたことを、草葉の陰で喜んでいらっしゃるのではなかろうか。

# 第七章　幼児教育は私の天命

——浅田三雄文化保育園園長と安岡先生

## 天命に目覚めさせてくれた安岡先生

「私が安岡正篤先生のことを知ったのは、今から十五年前、私が四十九歳のことでした。別子銅山の争議を収拾した後、住友家総理事として住友グループを指揮した伊庭貞剛《いばていごう》のことを書いている本を読んでいて、住友グループにも多大な影響を与えた東洋思想家安岡正篤《まさひろ》先生のことを知りました。

安岡先生は思考の三原則として、

『物事を見るには目先にとらわれずに長い目で見る。そして多面的に見るように心掛け、枝葉末節にとらわれずに大所高所から見ることが肝要だ』

と説いておられました。

確かにそうで、この観点をおろそかにすると、トラブルが生じた場合、右往左往してしまい、対処療法的な処置しか取れず、また問題がぶり返すことになってしまいます。

以来、安岡先生に師事する者たちの集まりである関西師友協会に入らせていただき、安岡先生の本を読んで、私のバックボーンを形成してきました」

と語るのは、大阪府堺市にある文化保育園園長の浅田三雄さんだ。温顔ながら一本芯《しん》が通った面構えが、幼児教育一筋にやってきた三十七年間を物語っている。

「昭和二十（一九四五）年に生まれた私は、昭和四十六（一九七一）年に婿養子として浅田家に入り、家業でもある文化保育園を経営し、幼児教育に携わってきました。文化保育園はゼロ歳から五歳までの百八十名の子ども達を預っているマンモス保育園に成長しております。それは私どもが大規模を目指したからではなく、私どもの幼児教育に一つの使命感があり、それが親御さんに支持されているからだといえます。それに目覚めさせてくれたのが安岡先生でした」

安岡先生は全国師友協会の信条としている「一燈照隅行」についてこう述べ、会員を激励された。

「自分が携わっているその場所で、自分が灯火《ともしび》となって、一隅でも片隅でもいい、ほのかに照らしていこう。するとその灯火が広がって行って、千人千燈、万人万燈になる。一隅を照らす人が万人出れば、国をも明るく照らせるようになる。こういう意味で師友協会は一燈照隅、万燈照国の行を提唱実践しているのです」

それに大いに共感した浅田さんは、携わっている幼児教育に、自分の一燈照隅行として取り組もうと決意したのだ。

## 人間教育の根本は愛と敬

浅田さんは安岡先生の教育観の根幹には、「愛」と「敬」があるという。

「子どもたちに愛の態度で接し、慈《いつく》しみ育《はぐく》むことは大切なことですが、一方子ども達の心に敬の態度を育むことを忘れてはならないと強調されています」

と言って浅田さんは一冊の本を開いた。安岡先生の『人間学のすすめ』(福村出版)である。そこに「敬」についてこう書かれていた。

「敬という心は、言い換えれば少しでも高く尊い境地に進もう、偉大なものに近づこうという心であります。したがってそれは同時に自ら反省し、自ら至らざる点を恥づる心になる。省《かえり》みて自ら懼《おそ》れ、自ら慎み、自ら戒めてゆく。偉大なるもの、尊きもの、高きものを仰ぎ、これを感じ、憧憬《あこが》れ、それに近づこうとすると同時に、自ら省みて恥づる、これが敬の心であります」

教育以外のことでも、安岡先生は浅田さんの精神生活に大きな影響を与えた。例えば、『経世瑣言《けいせいさげん》』(致知出版社)の「喜神《きしん》を含む」という考え方だ。これは日常生活での大きなヒントになった。

「第一に心中に喜神を含むこと。神《しん》というのは深く根本に根差していった心のことで、どんなに苦しいことがあっても、心のどこか奥の方に喜びを持つということです。

実例で言えば、人から誹《そし》られたり、あられもないことを言われると、憤るのが人情であるが、たとえ怒っても、その心のどこか奥に、『イヤこういうことも、実は自分を反省し、錬磨する契機になる。そこで自分という人間ができてゆくのだ。結構、ありがたいことだ』と思うことです。人の毀誉褒貶《きよほうへん》なども、虚心坦懐《きょしんたんかい》に接すれば案外面白いことで、これが『喜神』です」

それとは打って変わって、『活眼活学』（ＰＨＰ研究所）にはこんな高尚な一節もある。こういう文章を読むと背筋が伸びる。

「大自然の創造の営みというものが、濛々《もうもう》たる天地開闢《かいびゃく》の時代から、何億年、何十億年とはかり知れない創造の営みを続けて、ようやくここに精神・霊魂というものを持つ人間を造り出すに至った。大自然の創造過程の最後、最後かどうか分からんが、長い長い努力の末に、ようやく人間世界、精神の世界、霊魂の世界、一言にして、心の世界というものを創造したのだ」

安岡先生が言うように、人間の生命を大自然の造化活動の頂点であり、すべての万物の期待の成就であると捉えると、人間は低い次元の意識を超えることができ、絶対的存在に相対している自分であるという荘厳な意識に昇華することができる。

そういうことを独り静かに瞑目し、そしてそこから得た心のゆとりをもって保育士たちに接すると全然違う。

「教育者である保育士がこのことを自覚しているのといないとでは全然違います。子どもたちが偉大なもの、尊きもの、高きものにあこがれ、それに近づこうとする思いを育ててゆく――。そんなところに、文化保育園の目標を置いています」

こうして保育園の運営にもますます活気が出てきた。

## 腰骨を立てる

では、子どもたちの教育は具体的にはどうしたらいいか。

新しい幼児教育のあり方を模索する浅田さんにとって大きなヒントとなったのが、教育者森信三先生の次の言葉だった。

「子どもたちの主体性は腰骨《こしぼね》を立てることで育ってきます。古来、禅も武道も芸能も、まず腰骨を立てることを第一義としてきました。心を立てようと思ったら、まず身を起こすのです」

何となく理解できるけれども、具体的な実践例がないかと思って探していると、福岡市にある仁愛《じんあい》保育園が見事な成果をあげているという。早速訪ねてみると、玄関に立った時点で驚いた。靴箱には子どもたちの靴がきちっと揃えて入れられており、園舎も園庭もゴミ一つ落ちていない。教室からは子どもたちのはきはき答える声が聞えてくる。もうそれだけで、見事な教育がなされていることがわかった。

石橋富知子《ふちこ》園長の案内で教室に通されると、子どもたちが腰骨をきちっと立てて先生の授業を受けていた。そのかわり授業が終わると、クモの子を散らしたように走り回る。そのけじめがはっきりついているのだ。浅田さんは視察に二回行き、立腰教育の導入を決めると、保育士六名を送って、その実際を研修してもらった。

そしていよいよ実施すると、保護者から、

「軍隊みたいだわ。ちょっとやりすぎじゃないかしら」

と懸念する声もあった。しかし、浅田さんは、

「きっとわかってもらえる」

と動じなかった。保護者から「素晴しい！」という意見が寄せられるようになったのは

半年もしないうちだった。

「娘は家に帰ってくるなり、玄関の靴を揃えるんです。もちろんおもちゃで遊んだら、後はちゃんと片付けるようになりました」

「わがままのし放題だった息子なのに、他の兄弟に思いやりを見せるようになりました」

「子どもが近所の方にはっきり挨拶するので、誰よりも私が感心しました。腰骨を立てよう、挨拶ははっきりと、靴を揃えようと園で教育してくださるから、お蔭さまできちっとできるようになりました」

子どものしつけは父母の一番の悩みだから、みんな大喜びしたのだ。

浅田さんは手足となって働いてくれる保育士たちに語りかけた。

「保護者から苦情があったとき、すみませんと謝るだけではいけません。私たちはどういう信念で教育をやっているのかというものがあれば、説明もできるし、成果が出るまで待ってもらえます。子どもがよい方向に変われば、保護者もなるほどと納得してくださるんです」

最近はモンスター・ママといわれる存在が理不尽な要求を突きつけて、学校教育の現場を混乱させているというが、文化保育園ではそれがない。園の教育を信頼してくれているのだ。

## 子どもたちの感性を育てる

「子どもたちが成長して行く過程で大切なことは、七つの原体験です。この体験の中から感性が育っていきます」

と浅田さんは言う。七つの原体験とは、火、水、木、土、石、雪、動物を指す。全身で自然に触れ、遊ぶ中で感性が育っていく。だから四季折々に園庭や近隣の公園に散歩に連れ出し、目で見、耳で聞き、肌で感じさせる。水遊びも泥んこ遊びも子ども達の感性を育ててくれる貴重な方法だ。

「あらっ、こんなところにカマキリの赤ちゃんが隠れているわ！」

先生が素っ頓狂な声を上げる。すると子ども達が寄ってたかってホウセンカの花の下を覗《のぞ》く。するとそこにカマキリの茶色い泡のような卵があり、生まれたばかりのカマキリの赤ちゃんがぶらさがっているのを発見して歓声が上る。

大自然には不思議なことがいっぱいだ。それを巧みに先生が紹介し、子ども達を神秘な世界に導いていく。そんな中で先生が、

雀の子そこのけそこのけお馬が通る
やせ蛙《がえる》負けるな一茶これにあり
やれ打つな蝿《はえ》が手をする足をする

などと俳句を朗誦すると、雀の子や蛙や蝿がより身近になっていく。こうして感性が豊かになっていくのだ。

文化保育園が実施していることに、「ピカピカクリンデー」という掃除の日がある。これは月に一回、みんなで近隣の公園や歩道を掃除する日だ。すると地域の人たちが、「きれいにしてくれてありがとう。いいことをしてるね」とほめてくれる。それが子ども達には嬉しいから、励みになるのだ。

早速保護者からこんな嬉しい便りが届いた。

「この前、子どもと一緒に公園に行きました。するとゴミを見つけ、『こんなところに捨てたらあかんな。ゴミはゴミ箱だね！　きれいに使わな青い地球にならへん』とつぶやき、自分で拾ってゴミ箱に捨てに行ったのです。よいしつけをしてくださっていて、ありがとうございます」

そんな子どもが育っていると聞いて、こんな嬉しいことはない。浅田さんから思わず笑みがこぼれた。

「相田みつをさんの詩にありますね。

うつくしいものを
美しいと思える
あなたの心が
美しい

子ども達の心が美しくなっているから、美しい環境を求めるんですね。そして美しい環境がますます美しい心を育てるんですね。情操教育は文化保育園の大事な柱の一つです」

こうして大切ないのちを育んでいるのだ。

## 漢字は情操教育にいい

浅田さんは文化保育園の特徴の一つとして、石井勲《いさお》先生が指導される漢字教育を取り入れている。石井先生は石井式国語教育研究会の主宰者で、漢字かな混じり絵本を使って日本昔話や海外の名作絵本を読ませ、子ども達の情操教育に大きな成果を上げている人である。

浅田さんは石井先生の指導の下に、漢字カード、言葉カードや俳句カルタを使って美しい物語を覚えさせ、子ども達の情操を高めようとした。漢字教育は知育と思われがちだが、意外と情操教育にもなるのだ。浅田さんは臆《おく》することなく、子どもたちに漢字まじり文を読ませるようにした。

これも最初は反対があった。保育士の中にも、

「こんなに小さいのに、なぜ漢字を書かせるの？」

ととまどう人があり、保護者の中にも、

「小学校に上ったら、一年生はひらがなから始めるのに、どうして？」

と困惑する人もあった。

しかし子ども達はリズムのある美しい言葉はすぐ覚えてしまい、自分の会話に取り込んでいく。だから保護者から驚きの声があがった。

「うちの子は友だちと遊んでいて、『口は災いの元』と言ったので、びっくりしました」

「菜の花を見つけて、『菜の花や月は東に日は西に』とか、アリの行列を見つけて大騒ぎし、『アリの道雲の峰より続きけり』などと言っているんです。美しい俳句や和歌を覚えて、感性も想像力も豊かになったような気がします」

「私の子は年長組に進んでからは自分で俳句を作るようになり、その時々の自分の気持ちを五七五で表現するようになりました。

走ったよマラソン大会がんばった

春が来たもうすぐわたしはみどりさん　（※「みどり」は五歳児のクラスのこと）

そして『ちょうちょは春に飛ぶから春の季語やなあ』なんてつぶやいているんです。大人には思いもつかない発想をして、すごく楽しそう」

俳句づくりが情緒を豊かにしているようだ。浅田さんは成果が見えてきてほくほく顔だ。

漢字教育の締めくくりとして、五歳児はお遊戯会《ゆうぎ》で音読や朗誦《ろうしょう》を発表する。舞台で直立して保護者の前で大きな声で「雨ニモ負ケズ」を朗誦すると、子ども達の心もしゃきっとなるのだ。

声を出すことに自信がなかった子が、大きな口を開け、話の流れを考え、抑揚をつけて一生懸命読むと、いっそう臨場感が増す。自分だけで読むのではなく、みんなと声を合わせて読むので、協調できるようにもなる。また登場人物になった気がしてくるので、その与える影響は大きい。

保護者から、「保育内容をありがたく思います。文化保育園にやって良かった」などと言われると、浅田さんは苦労のしがいがあったと思う。

## 幼児教育の全国大会で講演！

そんな地道な働きが評価された出来事があった。平成十八（二〇〇六）年八月、石井式国語教育研究会が主催して、千葉・幕張メッセで「第三十八回石井式夏期指導者研修会」（テーマ・躾《しつけ》から始まる幼児の読み書き数字）が開かれ、五百名の幼児教育に携わっている人たちが集った。そこで浅田さんが講演を求められたのだ。文化保育園の漢字教育の実際とその背後にある教育哲学を話して欲しいというのだ。

浅田さんは文化保育園で実践していることを紹介し、その背後にある安岡先生の人間観について話した。そんなこともあって全国各地から園に視察に来られる方々が増え、モデル的な保育園となりつつある。また平成二十（二〇〇八）年には幼年国語教育会が主催した全国音読コンクールで、年長の部が最優秀賞を獲得した。世間の評価がだんだん高まってきて、浅田さんは手応えを感じている。

「安岡先生がおっしゃるとおりです。『大きなことを望むのではなく、いまある立場で、一隅を照らそうと一生懸命努力しよう。それがあなたの一燈照隅行で、そんな努力で世の中も次第に明るくなっていくんだ』と。

微力ではあるが、非力ではないとつくづく思います。かくして幼児教育は私の天命となりました」

そんな浅田さんが大切にしている「縁尋《えんじん》機妙《きみょう》」という言葉がある。

「これも安岡先生の本から教えていただいた言葉で、仏語だそうです。縁が尋《たず》ねめぐって縁を産み、新しい結縁《けちえん》の世界を展開する。縁ほど不思議なものはない。ご縁はみ仏の導きとしか思えません。

豊かな人生を送るためにも、善《よ》い縁、勝《すぐ》れた縁に出逢うことは大切なことで、『地蔵経』ではそれを聖因《しょういん》・勝縁《しょうえん》と呼んでいるそうです。優れた運勢を持っている方にご縁をいただき、自分の人生も豊かになっていきたいものです」

文化保育園自体が聖因・勝縁を結ぶ場となっている。そんな場をますます高めようと、浅田さんは今日も幼児教育に邁進している。

# 第八章《対談》

# 脳科学が証明する人間学の効用


神渡良平（作家）
篠浦伸禎《しのうらのぶさだ》（東京都立駒込病院脳神経外科医長）

# 人間学がストレスに効く！

**神渡**　篠浦先生は脳外科の最前線でご活躍されています。ところでストレスに苦しんでいらっしゃる患者さんの治療に、西洋医学的な薬剤を使っての治療だけではなく、拙著『安岡正篤　人間学』（同文舘出版、講談社+α文庫）の本を読むよう薦《すす》めて大きな効果を上げておられるそうですね。

篠浦先生のご著書『人に向かわず天に向かえ』（小学館）では、東洋の古典を中心とした人間学の効用を脳科学の視点から説き明かしておられ、大変啓発されました。

**篠浦**　実は、ぼくは以前から神渡先生が書かれた『安岡正篤　人間学』を愛読していたのですが、その本を精神疾患に悩む患者さんに読んでいただいたところ、目覚ましい改善が見られたのです。以来僕はその神渡先生の本をかれこれ二百人くらいの方にお渡し、新たに五十冊購入しました。

**神渡**　そんなにお役に立てていただいているんですか。嬉しい限りです。

**篠浦**　例えば先日も、ある高校生が手足の麻痺《まひ》を起こして相談に見えました。クラブでレギュラーになれないことを苦にするうちに、麻痺が出たのだそうです。いろいろ聞いてみると、そこは昔の軍隊式に非常に理不尽なことをやるクラブであるらしい。その子は若いし、非常に賢い子なものですから、過剰に反応して麻痺を起こしたようです。検査をしても機能的には異常が見られないので、神渡先生の本を渡しました。

しばらくしてまた外来に訪れたとき、顔つきが全然違うんです。シャキッとしているというか、芯がすっきり通っているというか。話を聞くと、別のクラブに入り直して頑張っているそうです。夏休みの宿題では「人には道がある」という作文を書き、将来は政治家になりたいので一所懸命勉強するようになったなどと話していました。『安岡正篤　人間学』の効果だとしか思えないんです。

**神渡**　患者さんに『安岡正篤　人間学』の本を読むよう薦めていらっしゃるのはなぜですか。

**篠浦**　ストレスで蝕まれた人の心と体に対して、われわれ医師にできることは限られているんです。抗うつ剤や精神安定剤を処方して辛い症状を緩和したり、治療と並行して患者さんの話相手になったり、音楽や運動などストレスを緩和して少しでもリラックスできる方法を提案したりするのですが、いずれも対症療法であって、根本的な解決には至りません。

一時期アメリカ流の「明るく生きよう」といったポジティブ・シンキングの類を試したこともあるんですが、どうしても無理があって長続きしないんですね。

このままではダメだ、と答えを模索していた時に、たまたま書店で神渡先生の本を見つけたんです。読んでみて、ここにしか答えはないと直感的に思って患者さんに薦めてみたところ、効果があったのです。

ぼくはいまでも寝る前に繰り返し読ませていただいていますけれども、やはり奥が深いですね。

## 暴走する動物脳

**神渡**　それにしても、なぜ『安岡正篤　人間学』がストレスに苦しむ患者さんに効果を発揮するのでしょうか。

**篠浦**　外来で最近特に増えているのが、頭痛やふらつきなど、自律神経系の異常を訴える患者さんなのですが、ＭＲＩ（核磁気共鳴映像法の機械）で調べても異常がなく、しばらく原因が分かりませんでした。ところがＮＩＲＳ《ニルス》という脳血流を見る新しい検査機械を導入して調べてみると、右前頭葉の血流に異常が認められたんです。

**神渡**　ほう、右前頭葉の血流に異常が認められるんですか。

**篠浦**　はい。そしてそのポイントとなるのが、人間の脳の中心部にある、本能に忠実な動物脳である大脳辺縁系です。健康な人の場合、その周辺にある人間らしい知性と感性の脳である大脳新皮質がこれを上手にコントロールしているんです。ところが異常な人の場合、様々なストレスによってこの人間脳・大脳新皮質が弱まり、動物脳・大脳辺縁系が剥《む》き出しになって暴走しているんです。

その根本は何かというと、「私《わたくし》」にこだわり過ぎているということです。要するに、動物脳というのは保身のために働く「私」の脳と言い換えることができます。その「私」の脳がストレスによって限度を超えて働くことで、体の異常や引きこもり等の問題行動を引き起こすと考えられます。

人間学は先賢の知恵として「私」から離れなければダメだと説きますが、これは「私」の脳である動物脳の暴走を食い止めるということでもあります。脳科学では答えの出なかった問題に対して、人間学が根本的な答えを示してくれているといえます。

## 天に棄物なし

**神渡**　人間学が患者さんに効果があるということについて、私は少し思い当たる節があります。人間学が説いているのは、自分の主体性を育てよう、そしてその自分は〝大いなる存在〟に見守られ、導かれているのだということでしょう。たとえ壁に突き当たったり、失敗したりしたとしても、実はそれすらも天の導きであって、私たちを大きく目覚めさせ、ワンランク上の人生に導いていこうとされているのだというのです。

**篠浦**　自分を超えた存在が自分を見守り導いてくださっているという感覚を持つことはとても大きいですね。そこには安心感があります。

**神渡**　そうです。人生というのは、決して負けたら終わり、後がないというようなものではなく、私たちに実りある人生を送らせようとして、手痛い失敗からも学ばせ、軌道修正させておられるように思えます。

だから読者は人間学の本を読み進んでいくうちに、被害者意識が払拭《ふっしょく》され、真の主体性が立ってくるように思います。

古書に「自靖自献《じせいじけん》」とあります。書を読む目的は天地の仕組みを知ることによって心を靖《やす》んじ、献身する対象を見出すことにあるという意味です。私の書物は読者に心を靖んじさせるお手伝いをわずかながらできているということでしょうか。

**篠浦**　ぼくは最初患者さんたちに、右脳が弱っているわけだから、音楽を聴いたほうがいいとか、運動したほうがいいといったアドバイスをしていたんです。ところがそれは先ほどもお話したとおり、解決には繋《つな》がりませんでした。やっぱり長い人生をトータルで見て、人間学こそが根本的な解決策になると思います。患者さんを看《み》ていてそう実感します。

**神渡**　最近私はますます「天に棄物《きぶつ》なし」ということを考えさせられています。一見不利に思われることも、自分の取り組み方次第で益となって働くものです。だから憂えることはありません。どんな状況におかれようと、それを感謝して受け止め、最善の努力をすれば道は必ず開けていくものだと。

いまは結果が出なければ落とされるというサドンデスの社会の中で、人々は極端に緊張して生きています。でも、そうではなさそうですよと皆さんに伝えるのが、私の役目ではないかと思っています。

## 脳の覚醒下手術で見えてきたもの

**神渡**　メル友にきょう篠浦先生と対談させていただくんですと書き送ったら、「あの方はすごい方で、脳の覚醒《かくせい》下での手術では日本で五指に入る先生です」と教えられてビックリしました。

**篠浦**　それは恐縮です。

**神渡**　脳の覚醒下での手術とはどういうものなんですか。

**篠浦**　文字どおり患者さんの意識が覚醒したままの状態で頭蓋骨《ずがいこつ》を外して脳を手術します。患者さんと会話して確認を取りながら手術しますから、手術する場所の周辺の大事な神経回路を損傷して、よけいな後遺症が残らないようにできるメリットがあります。

**神渡**　患者さんと話しながら脳の手術ができるのですか。

**篠浦**　ええ。従来の手術では、全身麻酔から覚めてみたら、手が動かなくなっていたといった例が結構ありました。しかし覚醒下の手術であれば、手術をしながら患者さんに、「手を動かしてみてください」などと確認できますから、そこでもし動かなくなっていたら、すぐに手術を中断して処置すれば簡単に回復するんです。都立駒込病院で導入したのは五、六年前なんですが、患者さんの安全を考えればこれしかないと確信しています。

この手術を導入したことでもう一つ大きかったことは、左右の脳、あるいは脳の各部位がそれぞれどういう働きをするのか、その人の言動にどんな影響を及ぼしているのかということが、直接脳で確認をしてわかってきたということです。

「ここを刺激したらこういう反応が起こるのか」

という具合に、いろんな驚きと発見があるのです。そうした事例を重ねていくと、脳の法則性が明瞭に見えてくるんです。それによって、問題を抱えた患者さんに対して、どうすべきかという答えもある程度はわかってくるわけです。

**神渡**　それは画期的なことですね。

**篠浦**　例えば、右脳をいじっていると患者さんが眠気を催し、左脳をいじると不機嫌になるんです。つまり右脳は逃避、左脳は攻撃に繋がっています。

いま、日本に起きている様々な事件というのは、ストレスによって右脳の働きが弱まり、左脳の働きのほうが上回っていることを示しているように思います。左脳の持つ攻撃性が顕著に現れているように考えられます。

## 左脳の支配する現代社会

**神渡**　篠浦先生は『人に向かわず天に向かえ』の件で、現代社会は左脳が発達し過ぎてバランスが崩れているので、右脳がもっと用いられてバランスが取れなければならないと主張されていますね。

**篠浦**　はい。いまの日本は、かつてないほど左脳が主体になっている社会のように思えます。日本人というのはもともと共同体を重視する右脳型の要素が強いのですが、グローバル化する社会の中で、否応なしに左脳主体にせざるを得なくなって、得意な右脳を生かす使い方ができなくなっているのです。

実はぼく自身も左脳型で、バランスを崩していることが自分でもよくわかるんです。学生の頃から、同じ努力をしても、勉強はできても運動はできませんでした。根性がないのかなと思っていたんですが、自分の脳血流を測ってみると、左脳が異常に上がるのですが、右脳はあまり反応しない。これは人間の脳の使い方の一つのパターンなんですが。

**神渡**　脳血流でそれが分かるのですね。

**篠浦**　ええ。この左脳、右脳以外にも、人間の脳とその使い方の傾向は人間脳と動物脳、能動型と受動型に分けられ、これらの組み合わせにより人間の性格や生き方は大まかに八種類に分類することができます。そして神経疾患を克復して幸せに生きるヒントもここからつかめるとぼくは考えています。

ここでは詳しく述べる時間がありませんが、ぼくのようなパターンの人は、人となかなか打ち解けにくいのです。人間学でいえば、「仁《じん》」の心がなかなか湧いてこないんです。それと同じことがいまの社会全体で起きていると思うんです。欧米社会も左脳型です。ぼくはアメリカに留学して、それをすごく感じました。

**神渡**　アメリカに留学しておられた経験からして、欧米社会は左脳型社会だと感じられたのですね。

**篠浦**　ええ。左脳というのは基本的に、合理的で冷酷、質にこだわる脳です。左脳型の社会は競争が激しく、一定の条件を満たさないと生き残れない社会です。ものすごく優れたリーダーがいないと、あの群雄割拠の中では生きていけません。

ところが日本の場合は、豊かな自然があって、四方を海に守られていて、人情に富んだ共同体を形成しています。そこで生きてきたわれわれ日本人は感情が豊かで、空気に左右されやすい右脳の特徴を反映した社会を形成していたのですが、そこに欧米の左脳的な要素が入ってきたわけです。
日本に優れた人物が輩出された幕末の時代は、産業革命によって自然の力を人間の脳が越えようとした大きな転換点でもありました。人間が自然を支配しようとしたことで、左脳の世界に入ったといえます。その危機感から、一番いいものを持った人間が出ざるを得なかったという面もあると思います。

**神渡**　おもしろい見方ですね。

**篠浦**　そういう意味では、いまは若い人が非常に辛い社会ではないかと思うのです。昔であれば、西郷隆盛のような情に溢れた、若い人を見守り育ててくれるような人がいたわけですが、左脳型の社会になってそういう役割を果たす人が少なくなった。そのため非常に息苦しい社会になっている。そういう状況が結局人間を追い詰めているといえます。

**神渡**　それは私も感じます。

**篠浦**　ぼくの外来に来る患者さんを見ていても、周囲に温かい人さえいたらもう少し何とかなったんだろうに、という人がとても多いのです。

## 左脳と右脳のバランスを取る

**神渡**　私は以前、奈良女子大学名誉教授で、文化勲章を受けられた数学者の岡潔《おかきよし》先生を訪ねたことがあるんです。お話を伺《うかが》っているとき、先生はふっと庭の梅の木を見上げて喜ばしげに「おお、梅の花が咲いたねぇ」とおっしゃったのです。岡先生と梅の花とが別々に存在しているのではなく、梅が自分であり、自分が梅であるという感覚、つまり我と汝《なんじ》が渾然《こんぜん》と一つになっていらっしゃると感じて、すごい方だなと思いました。

やはり優れた人というのは、左右の脳が一体化しているというか、彼我の境目のない世界に住んでいらっしゃると感じました。

**篠浦**　両方の脳を使えないといけないのですね。

**神渡**　私は右脳を育て、感性を磨くために短歌を詠んでおり、以前こんな句を詠みました。

　　ふと目覚め軒下で鳴く鈴虫に
　　　澄み渡りたる中秋の月

夜中にふと目が覚めると、軒下で鈴虫が鳴いていた。その庭を中秋の名月が照らし出している。そんな情景が嬉しくてたまらなかったのです。

短歌を詠んでいると、それまで目的に向かって脇目もふらずに歩いていた自分が変わっていって、道端に咲いている草花の美しさに心を動かされたり、夕焼けの輝きに心を留める余裕が生まれてくるんです。それを五七五七七という形式の中に読み込もうとして、その状況を表現できる言葉を探して推敲《すいこう》します。だから余計深く味わうことになります。短歌づくりは私たちを彼我一体の世界に誘《いざな》ってくれるんです。

短歌づくりは人間の右脳を発達させて、バランスを取るにはうってつけです。日本民族は万葉の昔から和歌を詠んできましたが、あれは右脳を発達させ、すぐれて繊細な感性を育てる方法だったんですね。

**篠浦**　詩なんかもそうでしょうね。孔子も詩を勉強しろと説いています。

しかしいまの日本は、東京一極集中でしょう。便利だからそうなるわけですが、都会生活ではすごく左脳的な行動を強いられることになります。都会には自然がない。名月どころか、一日中太陽さえ見ない生活をずっと強いられる。それが精神的なバランスを崩す一つの大きな要因になっていると思います。

**神渡**　大自然から切り離されたら、人間は自分自身を見失ってしまいますよね。

**篠浦**　そう思います。ですからそういう中で、神渡先生から毛筆のお手紙をいただいたりすると、ホッとするんです。

**神渡**　下手な字でお恥ずかしいかぎりです（笑）。

**篠浦**　パソコンで作成する文書と違って、文化の香りがしますよね。自分がいかにそういうものと無縁な生活を送ってきたかが痛感されます。

パソコンというのは0と1、オール・オア・ナッシングの世界で、要するに妥協がありません。ですから仕事などでずっとパソコンと向き合っている人は左脳ばかりを使っていますから、ストレスに弱い面があるのです。

**神渡**　じゃあ、やっぱり短歌を詠むことですね（笑）。

## 公的な生き方こそが真の生きがいを生む

**神渡**　篠浦先生は『人に向かわず天に向かえ』の中で、左脳が私的な働きを、右脳が公的な働きを司っていると言われ、公的な生き方が生きがいを見出すことに繋がるらしいと、科学的な観点から説明されていますね。

**篠浦**　はい。うつや自律神経失調の人は、多様な価値観や人間関係の中で柔軟に生き抜く「外に向いた」脳である右脳の機能が落ち、突き詰めて論理的に考える「内に向いた」左脳ばかりが強くなっています。そこで思考がマイナスに傾き、自分を否定してしまうと生きる気力を失ってしまうわけです。

また、最近あらゆる業種で見られる偽装事件は、不況というストレスから逃れるために、自分の身を守ろうとする自己本位で動物的な思考で行動した私的な脳の行動と見ることができます。

ストレスによる不安から逃れるには、「私」から離れるしか根本的な解決はありません。気持ちを「公」に向け、志を持って能動的に脳を使おうと意識することは、不安感を相対的に軽減し、左右の大脳皮質、つまり人間的な脳を働かせることにも繋《つな》がります。

逆に言えば、ストレスは自分の意識を「私」から「公」に向けるいいきっかけになります。新しい脳の回路を開発して、新しい幸せな生き方を見出すチャンスにもなります。

**神渡**　公的な精神というのはつまるところ、「あなたがいてくれてありがとう」と言っていただけるような生活をしているということですよね。人のお役に立てているから、「ありがとうございました」「助かりました」と言っていただけるわけで、努力した甲斐があったと思いますよね。こういう公の精神や、そこから生まれる喜びについても科学的に説明できるのですか。

**篠浦**　公的な生き方をするということは、公的な脳を使うことだと思うんです。例えば、人の心を理解し、共感する脳の部位は、右の側頭葉や頭頂葉なんです。それに対してどういう対応をするかというのは、公的な脳が働くのではないかと思うのです。それによって相手も喜び、またお願いしますとなる。好循環になって自分の脳がどんどん使われます。

**神渡**　人に尽くす生き方というのは、脳の観点からいってもほめられた生き方なんですね。

**篠浦**　そうです。逆に「私」の脳しか使っていない人は、見ていると呆《ぼ》けるのも早い。環境の変化に弱いのです。要するに、公に尽くそうというふうに考え方にしっかり芯が通っていないと、様々な現実に対応して新しい脳の回路をつくることができないからだと思うんです。すぐにお手上げになって、逃避して、脳が呆けてしまったというケースが非常に多いような気がします。

**神渡**　「三方よしの精神」というのがありますね。自分さえよければいいという商売は決して長続きしない。お客様もよし、納入業者もよし、そして自分もよしの三方よしの状態を実現すると、仕事は継続して発展していく。その「三方よしの精神」はまさしく公的精神に通じるわけですね。

**篠浦**　脳の観点からいっても、「三方よしの精神」が最も頭を使うのではないでしょうか。全部をよくするためには、相当工夫しなければなりませんからね。そうすれば自分も相手も元気になって、言うことはないですよね。

ですからぼくは患者さんに対して、

「何か人の役に立つことを目標に持ったらいかがですか」

とアドバイスするんです。最終的にはそれしかないと思います。もともと自分のことにこだわり過ぎて行き詰まっているわけですから、そういう脳の使い方を転換して、公の脳のほうに重点を移さなければ、根本的な解決には至らない。

人間学はそこに様々な答えを用意してくれています。辛さや苦しみで行き詰まってしまった今日的状況に広い視野を与えてくれ、生き方のヒントが多く含まれているように思います。

## 生きる力をもたらす人間学

**神渡**　篠浦先生の本の中には、西郷隆盛など、偉人の脳の分析が記されていましたが、人間学にはそうした理想的なモデルがあるというのが大きいですね。その生きざまがわれわれを励ましてくれます。

**篠浦**　渋沢栄一が『論語』の本を書いたのは八十四歳の時でした。渋沢は生涯で五百以上もの企業経営に関わり、大変な量の仕事をこなしてきた人ですが、その『論語と算盤《そろばん》』で、日本の発展に生かすために『論語』を学ばなければいけないと説いています。あの元気さには驚愕《きょうがく》しますね。

**神渡**　手掛けた会社も見事に長生きしましたしね。それは人間学に根ざした、人に必要とされる事業の仕方だったからこそだと思うんです。自分さえよければいいという事業は長生きしません。

**篠浦**　孔子も孟子《もうし》もすごく長生きをしました。要するに『論語』を勉強したら呆けずに、元気で生きていけるんです。そういうところを見ても、人間学というのは間違いないと確信するんです

孔子は、自分の思想を世の中にあまねく広めようとしたわけですが、ものすごく志が高いですよね。政治で成功しようというくらいの志だったらわかるんですが、自分の摑んだ真理をすべての人間に実践してもらって、犯罪のない平和な社会をつくろうという話で

しょう。考えられないくらいにレベルが高い。だからこそ、二千五百年以上も経ったいまでもその思想は生き続けているのです。

**神渡** 私は病床で『論語』の次の一文「命《めい》を知らざれば、以て君子たることなきなり」の一文に触れた時、この一文があるからこそ、『論語』は東洋のバイブルといわれるようになったんだと思いました。

命に目覚めず、志がなければ、自分は何のためにこの世に遣わされてきたのか、迷ってしまいます。ただ楽しもうというだけのちゃらんぽらんな人間になってしまいますが、使命、天命に目覚めると、ひとかどの人物になっていけるというのです。この一文に出合って、私は人生における羅針盤を得た思いがしました。

**篠浦** 昔の人が人間学に寄せる思いはとても痛切だったと思います。例えば、病気というのはストレスから相当来ますが、今日のような薬のなかった時代はそれが命取りにもなりました。だから、自分を律してストレスをコントロールしていくことがいかに重要であったか。その意欲が高かったからこそ、先人の残した言葉もいまよりずっと重みがあった。緊迫感が違うんですね。いまの脳科学はそこにまだ全然追いついていないと思います。

## 志を持てば脳も成長する

**神渡**　学校は生徒に単に知識を詰め込むだけでなく、浩然の気を養い、人間の志を育てていく教育をしなければならないと思います。

**篠浦**　ぼく自身、人間学を学び始めたのはほんの数年前です。それまでは知識ばかりの世界で、卒業して医者になっても、その中の論理でずっと動いていました。

ところが三十過ぎて結婚して子どもができた頃、たまたま脳腫瘍《のうしゅよう》の子どもの患者を受け持つことになりましてね。もし我が子が脳腫瘍だったらと思うと、このままではいけないと痛切に思い、改めて研究をやり直したんです。

その後、三年間アメリカに留学したのですが、それがよかったのは、医者の論理から離れて普通の人の感覚を取り戻せたことでした。

**神渡**　それはどういうことですか。

**篠浦**　医者というのは、やはり技術を磨き、症例をこなして名を上げていこうというところがあるわけです。ところがそこから一度離れてみると、本当は病気がなくて医者は暇なほうがいい社会だということに気づきます。

同時に、本とは異なるアメリカ文化を生身で感じたこと、さらに東洋の人間学を再評価するようになったことは本当に大きかった。やっぱり思うのは、人間学をもっと若い頃から学んでいればだいぶ違っていただろうなということです。「あの頃は何をやっていたのか」と悔やまれます。

**神渡**　私も人間学に出合っていなければ、何か起こるとあたふたし、一喜一憂を繰り返していただろうと思います。しかし人間学の神髄《しんずい》に触れて、非常に救われました。例えば「誠は天の道なり。これを誠にするは人の道なり」という『中庸《ちゅうよう》』の言葉は極めて印象的でした。

――宇宙の大本質は誠である。しかしその誠はまだ絵に描いた理想像でしかなくて、現実にはなっていない。地上に生きている我々人間が、手にまめをつくり、額に汗して、一所懸命に努力して形を作り上げた時、初めて理想が現実化する。それを成し遂げるために、私たちには人生という時間が与えられているのだというのです。

この一節に触れた時、私は目の前が開けたように感じました。自分の生涯をかけて理想の実現に取り組んでいくんだと思い、人生が与えられている本当の意味を見出したように感じました。人間学を学ぶことによって、一番大切なところに気づかせてくれ、精神がスキッとして、自分の人生に立ち向かっていく姿勢ができ上がったのだと思います。

## 脳の使い方が人生を決める

**篠浦**　ぼくは、人間学は非常に科学的だと思うんです。実はいま『論語』を脳科学の観点から分析していましてね。そこでわかってきたことは、孔子が一番に言いたかったことは、「脳を使え」ということだったのではないかということです。

**神渡**　ほう、そういう解釈を聞くのは初めてです。どういうことですか。

**篠浦**　もっと脳を使え、様々な組み合わせで使えと説いていると思うんです。例えば「学びて時に之《これ》を習う」というのは、左右の相反する脳が交差するような使い方をしなさいということです。ですから孔子のいう「君子」というのは、あらゆる脳の使い方をマスターした人のことなんです。

われわれは天から脳を与えられた以上、そのあらゆる領域を使わなければなりません。それが天の意志にピッタリ当てはまる生き方ではないかと思うんです。そのことに気づいて、孔子の説いていることの深さを実感しました。やっぱりすごい人だなと思いますよ。

**神渡**　『論語』で説かれている徳目を実践することは、脳科学からいっても意義があるのですね。

**篠浦**　先ほど、いまの社会で起きている様々な問題は、動物脳が暴走して起きていると申し上げたんですが、では動物脳を完全に抑え込めばいいのかというと、そうでもないとぼくは思います。逆に、せっかく与えられているものは最大限生かしていくことが天の道であると思うんです。

**神渡**　動物脳が存在するから、個体が維持存続されているわけですしね。

**篠浦**　おっしゃるとおりです。喜びややる気といったものも、そうした原始的な脳から結構来ているわけですから。

最近は慈善活動をすると動物脳が結構活性化されることも分かってきています。ドーパミンという喜びをもたらすホルモンが出るんです。おそらく仁という徳目に繋がる行為も同じだと思います。先ほど、人の心を理解し、共感する脳の部位は、右の側頭葉か頭頂葉だと申し上げましたが、人が喜んだら自分も嬉しいというのも、そこらへんの脳が働いているのだと思います。そういう社会的な行為の持つ意味が、いま脳科学でどんどん証明されつつあるんです。

**神渡**　それは大変興味深い。

**篠浦**　褒《ほ》めることや禁止することが脳のどこで行われるのかということもだいぶわかってきています。褒めるほうは前頭葉で、禁止するほうは側頭葉なんです。これは、脳の能動的な使い方と、受動的な使い方にも結びついてきます。「やってはいかん」というのはある意味で受動的な発想です。自分を縛って狭くしますから、こればかりだと脳は機能停止してしまいます。ところが、能動的にどんどん新しいことに取り組んでいくと、使っていない新しい回路を開拓することになり、喜びが湧いてきます。

人間というのは脳を使って生きているわけですが、人間学を勉強すると、いろいろな見方をするようになって、これまでよりも脳を使うようになります。ですから少々のことではパニックに陥らなくなります。

やはり、天から与えられたものを最大限に活用することが、神渡先生のおっしゃる「誠」に繋がるのだと思います。

ですから人間学というのは、人生の羅針盤なのです。脳科学では問題点を見つけ、解決法を模索するといった研究はどんどん進んでいますが、あくまでも研究止まりであって、最終的な答えは人間学にあると思います。

何しろ人間学というのは、二千年以上もの風雪に耐えてきた先人の英知の結晶であって、そこにあらゆる状況に即した答えがすでに出ています。ですから人間学を知るかどうかで、人生は大きく違ってくるのです。医療の立場からも、そう確信が持てます。人間学を学ぶことは一生ものの宝になると思います。

**神渡**　まさに「自靖自献」ですね。天は一人ひとりをよく見ていらっしゃって、この人はちょっと左脳に偏り過ぎている、この人は右脳に行き過ぎだという時には、バランスを取る方向に導いてくださるように思います。

先ほど「天に棄物なし」と言いましたが、天は私たちが体験する様々な出来事を通じて、バランスが崩れていることに気づかせてくれ、軌道修正をさせてくださっているように思います。

ですから私たちは天を信じ、天に自らを預けて、いま自分が直面していることに全力で取り組むことが大事だと思います。その中からおのずとバランスの取れた健康体も取り戻せるし、人生も開けていくのだと思います。

（初出・月刊「致知」平成二十一年七月号）

**篠浦伸禎（しのうら・のぶさだ）**

昭和三十三（一九五八）年、愛媛県生まれ。東京大学医学部卒業。富士脳障害研究所、東京大学医学部附属病院、国立国際医療センターなどで脳外科手術を行う。平成四（一九九二）年、東京大学医学部の医学博士を取得。シンシナティ大学分子生物学部留学。帰国後、国立国際医療センターなどで脳神経外科医として勤務。平成十二（二〇〇〇）年、都立駒込病院脳神経外科医長。脳の覚醒下手術では国内トップクラスの実績を誇る。著書に『人に向かわず天に向かえ』（小学館）、『脳は「論語」が好きだった』（致知出版社）がある。

# あとがき

平成二十一（二〇〇九）年二月十一日、私はカナダのバンクーバーに講演に行った。私が二月十二日から八日間、読者と共にイエローナイフにオーロラを観に行く予定であることを知ったバンクーバーの読者から講演をしてもらえないかと相談があったので、二日早く行って十一日に講演し、翌十二日に日本からの読者に合流して極北の地に向った。

講演では七十名ほどの人が約二時間熱心に聴き入ってくださった。講演に先立って、地元の新聞の女性記者のインタビューを受けた。彼女は足が悪く、そのゆえ幾多の苦渋を味わってこられたようだった。

講演の後、極北の地で神秘的なオーロラに堪能し、帰国の途についた。日本で私を待っていたのは、件の新聞記者からのメール原稿だった。新聞に講演内容や取材記事を掲載してくださるというので、その校正をやり取りした。

それが終わると、私の目から鱗《うろこ》を落とすことになった「天に棄物《きぶつ》なし」という東洋の思想について、私は次のように書き送った。

「今から八年前、スイスのチューリッヒで講演したことがきっかけとなって、スペインの巡礼路《カミーノ》（約八百キロ）を歩こうと思い立ち、いろいろな資料を読んで準備をしているとき、人を介してある霊能者に引き会わされました。その方は前世が記録されているアカシックレコードを読むことができるチャネラーで、会うなりこう言われました。

『あなたは体が麻痺して寝込んでいましたね。でもそれがよかった。というのは、欠けたるものがあると、それを補おうとする働きが出てくるのがこの宇宙の仕組みです。肉体が麻痺してしまったから、それを補おうとしてあなたの感性はとてもシャープになっていきました。人々の水先案内人でもある作家に必要なのは豊かな感性です。天のメッセージを受け取ることができるかどうかは、感性が優れているかどうかにかかっています』

思い当たる節が多々あり、なるほどと思って聞き入りました。そして思い出したのが『天に棄物《きぶつ》なし』という東洋思想でした。

天には何一つ棄《す》てるものはなく、人生において起こる出来事で意味がないものはないというのです。つまり人生には運が悪かったとか、ツイていないとかはないんですね。それがわかってくると、真正面から受けて立とうという気持ちになってきます。そしてそういう気概のある人には道は必ず開けていくものです。

あなたにお会いしたとき、足がお悪いのを見て、かつてあるチャネラーから言われたことを思い出しました。インタビューの際いろいろ話してみて、あなたは何と豊かな感性をお持ちなんだろうと感心しましたが、それは悪い足の見返りとして、天があなたに与えてくださったものだと確信しました。それをお伝えせねばと思い、メールを送った次第です」

その記者から返ってきたメールを読んで、「天に棄物なし」という考え方が彼女にも深いインパクトを与えたことを知って嬉しかった。

この老子の「天に棄物なし」という思想は、臨済宗の開祖臨済義玄《りんざいぎげん》の言行を録《しる》した『臨済録』の一節、「随所に主となれば、立処《りっしょ》みな真なり」にも通じるものがある。

臨済義玄のこの言葉はこう解釈できる。

「どういう道を選択しようと、選択の間違いということは少しもない。その場その場で最善を尽くせば道は開けていき、どこに立とうがそこが真実の場所となるのだ」

足の悪い女性記者が悲しい現状を悔やむのではなく、それを受け入れ、そこで最善を尽くしたとき、自ずから道が開けていき、輝くようになった。それと同じように、宇宙の仕組みをつかみ取るまでは辛い道があるけれども、そこを超えると自由闊達《かったつ》な世界が開けていく――ここでも安岡先生が紹介された古典の知恵が見事に人を活かしたのだ。

本書をまとめるに当り、同信社の市川良之さんには随分助けていただいた。私が世に出るきっかけとなった、安岡三部作と言われている『安岡正篤の世界』『人生の師父　安岡正篤』『安岡正篤　人間学』の出版を手がけていただいてから、もうかれこれ十九年、お付き合いしていただいていることになる。紙上を借りて謹んで感謝申し上げたい。

平成二十二年三月吉日

千葉県佐倉市の暁星庵にて

神渡良平

## 参考文献

『Eーファイナンスの挑戦（Ⅰ、Ⅱ）』（北尾吉孝著、東洋経済新報社）
『安岡正篤ノート』（北尾吉孝著、致知出版社）
『ネット金融維新伝』（大下英治著、日本証券新聞社）
『人に向かわず天に向かえ』（篠浦伸禎著、小学館新書）
『男児志を立つ』（越智直正著、致知出版社）
『憂遊志《ゆうらくし》』（安岡正篤著、明徳出版社）
『朝の論語』（安岡正篤著、明徳出版社）
『いかに生くべきか　東洋倫理概論』（安岡正篤著、致知出版社）
『孟子』（安岡正篤著、ＭＯＫＵ出版）
『王陽明研究』（安岡正篤著、明徳出版社）
『青年の大成』（安岡正篤著、致知出版社）
『運命を開く』（安岡正篤著、プレジデント社）

『人間学のすすめ』（安岡正篤著、福村出版）
『経世瑣言』（安岡正篤著、致知出版社）
『活眼活学』（安岡正篤著、ＰＨＰ研究所）
『醒睡記』（安岡正篤著、明徳出版社）
『人間の生き方』（安岡正篤著、黎明書房）

<著者紹介>

**神渡良平**（かみわたり・りょうへい）

1948年鹿児島生まれ。九州大学医学部を中退後、雑誌記者などの職業を経て、作家に。38歳のとき脳梗塞で倒れ一時は半身不随となるが、必死のリハビリによって社会復帰を果たす。この闘病体験から、「人生は一度だけ。貴重な人生をとりこぼさないためにはどうしたらよいか」という問題意識が作品の底流となっている。代表作に『安岡正篤の世界』『人生の師父　安岡正篤』（以上、同文舘出版）『下坐に生きる』（致知出版社）、『安岡正篤「宇宙と人生」』（佼成出版社）、『安岡正篤　珠玉の言葉』『中村天風「幸せを呼び込む」思考』（以上、講談社＋α新書）、『安岡正篤人間学』（同文舘出版、講談社＋α文庫）、『風の環―武藤順九の宇宙』（ＰＨＰ研究所）などがある。

≪検印省略≫

平成22年5月25日　初版発行　　略称―安岡の風韻

安岡正篤の風韻―喜神を含む生き方

著　者　神　渡　良　平

発行者　市　川　良　之

発行所　株式会社　同　信　社

東京都千代田区神田神保町1-41　〒101-0051

発売所　同文舘出版株式会社

東京都千代田区神田神保町1-41　〒101-0051

電話　営業(03)3294-1801　編集(03)3294-1803

振替　00100-8-42935　http://www.dobunkan.co.jp



印刷：ＫＭＳ

製本：ＫＭＳ

ISBN978-4-495-97631-6